Wo die Sprache zerbricht

Hildegund Keul

Wo die Sprache zerbricht

Die schöpferische Macht der Gottesrede

Matthias-Grünewald-Verlag · Mainz

„Wir aber wollen über Grenzen sprechen,
und gehn auch Grenzen noch durch jedes Wort:
wir werden sie vor Heimweh überschreiten
und dann im Einklang stehn mit jedem Ort."

(Ingeborg Bachmann: Von einem Land, einem Fluß und den Seen)

 Der Matthias-Grünewald-Verlag ist Mitglied
der Verlagsgruppe engagement

Bibliografische Information Der Deutschen Bibliothek
Die Deutsche Bibliothek verzeichnet diese Publikation in der Deutschen Nationalbiblio-
grafie; detaillierte bibliografische Daten sind im Internet über *http://dnb.ddb.de* abrufbar.

Umschlag: Paul Enste (Creative Time), Mainz – unter Verwendung des Kunstobjekts
„Vorhang" von Renate Wiedemann
Satz & DTP: Redaktionsbüro Werkmeister, Mainz
Produktion: Doron, Prag, Tschechien
Druck: PBtisk s.r.o., Pribram, Tschechien
ISBN 3-7867-2523-3

„Vorhang" – ein Kunstobjekt von Renate Wiedemann, gezeigt in der Ausstellung „Mystik und moderne Kunst" im Frühjahr 2001, Kloster Helfta.

Inhalt

Einleitung

Sprachlos zu werden, ist eine überraschende und manchmal unangenehme Erfahrung. Aber jede und jeder macht sie an den Grenzen des Lebens: in Konfrontation mit Krankheit und Tod, in seelischer Not und körperlichem Gebrechen, aber auch im Fall des Verliebtseins und des überschwänglichen Glücks. Die christliche Rede von Gott setzt bei solchen Erfahrungen der Sprachlosigkeit an. Dies zeigen die poetischen Psalmen und die anschaulichen Geschichten der Bibel. Wo die Sprache versagt, braucht es Metaphern, die die vorhandene Sprache überschreiten und das zum Ausdruck bringen, was unsagbar ist. Aus diesem Grund ist christliche Gottesrede metaphorisch. Sie benennt die schöpferische Macht der Auferstehung, die in der Zerbrechlichkeit menschlichen Daseins dem Leben zum Durchbruch verhilft.

Wer von Gott sprechen will, muss daher etwas von Metaphern und ihrer kreativen Lebensmacht verstehen. Dies gilt für die heutige Zeit in besonderer Weise. Denn Christinnen und Christen machen vielerorts die Erfahrung, dass ihnen in Gottesfragen die Sprache versagt. Im interdisziplinären Dialog der Wissenschaften fällt es der Theologie schwer, von ihrer Tradition her etwas zu sagen, das über den eigenen Binnendiskurs hinaus Bedeutung erlangt. Der schulische Religionsunterricht ist professionell und ausgefeilt, aber viele Lehrerinnen und Lehrer leiden daran, dass Jugendliche das hier Gesagte für bedeutungslos halten und dem Christentum den Rücken kehren. Auch in der Pastoral zeigt sich eine Sprachlosigkeit, die für die heutige Situation der Gottesrede markant ist. Im Dialog der Generationen zwischen Jung und Alt fehlen der älteren Generation oftmals die Worte, um der jungen Generation den Schatz ihres Glaubens zu erschließen. Auch im Dialog von Gläubigen mit Menschen, denen die christliche Religion fremd ist, stellt die Sprache und ihr Versagen ein Problem dar. Es ist schwierig, in einer alltäglichen Situation – bei den Kolleginnen und Kollegen am Arbeitsplatz oder zu Hause am Gartenzaun – über Gottesfragen zu sprechen. Und in den Brüchen des Lebens, wo sich ein bedrohlicher Abgrund auftut, verschlägt es einer dann ganz die Sprache. Es ist schwer zu benennen, was das Evangelium vom Reich Gottes hier konkret besagt.

Das Versagen von Sprache in Gottesfragen fordert zur Auseinandersetzung mit Metaphern heraus. Denn die Metapher ist eine Sprachform, die genau hier ansetzt. Sie dient dem Überschreiten von Sprache durch Sprache. Dies macht sie in der Gottesrede unverzichtbar. Treffende Metaphern treiben die Sprache voran und verhelfen dem Leben zum Durchbruch. Mit dieser Fähigkeit wird die Metapher zur gravierenden Sprachform der Gottesrede. Denn in den Gottesmetaphern kommt das zu Wort, was alle Worte übersteigt und letztlich unsagbar ist: das Geheimnis des Lebens, das sich in dessen Zerbrechlichkeit offenbart.

Gottesrede entsteht in metaphorischen Prozessen. Diese weisen nachdrücklich darauf hin, dass Sprache nichts Starres, nichts Unveränderliches ist. Vielmehr gilt es, ihr kreatives Potential zu nutzen, um sich in heutigen Lebensproblemen zu bewähren. Um Gott gegenwärtig zur Sprache zu bringen – das heißt in den Brüchen der eigenen Zeit –, braucht es einen Rekurs auf Metaphern und ihre Bedeutung für die Gottesrede. Aus diesem Grund beginnt das vorliegende Buch bei der Sprachmacht von Metaphern. Der *erste Teil* führt vor Augen, welche Bedeutung Metaphern bei der Entdeckung neuer Welten haben – neuer Welten, in die sich Menschen freiwillig vorwagen oder in die hinein sie gestoßen werden. Metaphern ermöglichen Grenzüberschreitungen. Sie setzen Zeichen, die in fremden Welten Orientierung geben und damit handlungsfähig machen.

Der *zweite Teil* untersucht diesen Zusammenhang von Metapher, Entdeckung und Handlungsfähigkeit in der Gottesrede. Hier werden metaphorische Prozesse nachgezeichnet, die sich an Wendepunkten der Geschichte des Christentums ereignen. So lehrt Jesus im „Vater Unser", die Not zu beten, die das Leben zum Verstummen bringt – und schafft mit der Vater-Anrede zugleich die Leitmetapher des Christentums. Oder die Frauen am Ostermorgen: Sie erzählen vom beredten Schweigen, das die Lebensmacht der Auferstehung hervorruft. Die Rede von Gott beginnt mit Erfahrungen, bei denen es einer oder einem die Sprache verschlägt. Diese neutestamentliche Tradition verschwiegener Gottesrede wird in der Geschichte des Christentums weiter geschrieben. Im 9. Jahrhundert bildet die Evangelienharmonie des *heliand* eine

Metapher aus, die evangelisierende Kraft entfaltet, indem sie Christus einen neuen Hoheitstitel verleiht. Besonders sprachschöpferisch geht auch die Mystik in ihrer Gottesrede vor, weil sie sich rückhaltlos dem Versagen der eigenen Gottesrede stellt. Am Beispiel Mechthilds von Magdeburg im 13. Jahrhundert zeigt sich, wie ein metaphorischer Prozess die Rede von Gott grundlegend erneuert und lebendig macht.

Im *dritten Teil* geht es schließlich darum, die Lebensmacht von Metaphern für die heutige Gottesrede fruchtbar zu machen. Exemplarisch werden hier die Friedensgebete beim Fall der Mauer im Herbst '89 sowie die Gottesmetapher *Freundin im Himmel* beleuchtet.

Die Sprachform der Metapher ist schon lange Gegenstand wissenschaftlicher Forschungen. Bereits Aristoteles hat sie in seiner *Rhetorik* zum klassischen Thema gemacht. Im 20. Jahrhundert ist die Debatte erneut aufgebrochen und wurde kontrovers diskutiert. In den Geisteswissenschaften sind Metaphern genauso wie in den praktischen Fächern ein wichtiges Thema: in der Philosophie, aber auch in der Linguistik; in der Theologie, aber auch in der Literaturwissenschaft; sie spielt im christlichen Religionsunterricht im Zusammenhang der Gottesrede eine Rolle und hat einen eigenen therapeutischen Zweig ins Leben gerufen.[1] Im Folgenden geht es nicht darum, diesen weitverzweigten Metaphern-Diskurs zu referieren. Vielmehr wird die Debatte auf die Bedeutung von Metaphern in der christlichen Gottesrede zugespitzt, deren kreative Lebensmacht sich an unerwarteten Orten zu Wort meldet. Das Vorgehen ist dabei nicht flächendeckend, sondern exemplarisch vertiefend. Es folgt den Gravuren, die die Sprachform der Metapher der Gottesrede heute einschreibt. Das Buch lädt dazu ein, metaphorische Prozesse in Gottesfragen auch an anderen Orten aufzuspüren und weitere Gravuren freizulegen.

Wo die Sprache zerbricht, kommen Metaphern zu Wort. Diesen Zusammenhang führt das Titelbild des vorliegenden Buches vor Augen, das auf ein Werk der Berliner Künstlerin Renate Wiedemann zurückgreift. Ihr „Buchstabenvorhang" (vgl. das Bild, oben S. 6), aus einzelnen Buchstaben zusammengefügt, ist eine Metapher der Sprachlosigkeit. Das Zerbrechen der Worte bringt die Sprache in Bewegung. Vor das Blau des Himmels gesetzt, zeichnet das Bild die heutige Situation der Gottesrede. Der Ort, wo sich das Wort Gottes zeigt, ist das Verstummen von Menschen in der Not des Lebens. Diesem Wort in seiner Zerbrechlichkeit zu folgen, eröffnet den Anfang einer neuen Sprache.

Mein Dank gilt allen, die zum Entstehen des vorliegenden Buches beigetragen haben: Herrn Dr. Marc M. Kerling für das engagierte und sorgfältige Lektorat; Frau Renate Wiedemann, die ihren „Buchstabenvorhang" für das Titelbild zur Verfügung gestellt hat; Frau Doris Stumpf und Frau Otti Weber-Keul für das Korrekturlesen; und dem Matthias-Grünewald-Verlag für die Publikation.

1. Die Sprachform *Metapher* – eine scharfsinnige Dummheit, die mit ihrem Scharfsinn besticht

Metaphern sind dem Sprachwesen Mensch, das sich an Zeichen orientiert, lebensnotwendig. Sie bilden das Fundament einer Sprache, die nicht bei Altbekanntem stehen bleibt, sondern neues Leben eröffnet. Diese These klingt befremdlich, solange Metaphern ausschließlich der Poesie zugeordnet werden. Der Poesie sind Verstöße gegen die alltägliche Sprache erlaubt, denn sie lebt geradezu von der Erfindung neuer Metaphern. In Gedichten springen sie ins Auge, hier gehören sie hin. Aber bei genauem Hinsehen zeigt sich, dass auch die Sprache des Alltags mit Metaphern gespickt ist und aus ihnen lebt. Da ist vom Stuhl*bein* die Rede, obwohl der Stuhl nicht laufen kann. Ein flottes Lied ist zwar kein Kriechtier, aber dennoch kann es sich als *Ohrwurm* ins Gehör graben. Die *Parteienlandschaft* ist in manchen Ländern unübersichtlich, obwohl kein Berg die Sicht versperrt. *Schuhlöffel, Umschlagplatz, Glückspilz, Heugabel, Wortschatz, Zeitungsausschnitt, Luftschloss, Kuchenboden, Feuerdrachen, Luftnummer, Kindergarten, Grippewelle, Spaßvogel, Zankapfel, Schiffsbauch, Sackgasse* sind weitere Beispiele, die unendlich fortgeführt werden können. Sie markieren Aha-Erlebnisse in verschiedenen Lebensbereichen, in denen jemand nach langer Suche oder einer plötzlichen Eingebung folgend eine so treffende Metapher gefunden hat, dass diese sich im alltäglichen Sprachgebrauch spielend durchgesetzt hat.

Wo etwas Neues geschieht im menschlichen Leben, da sind Metaphern gefragt. Im 19. Jahrhundert hat sich die Beschleunigung in der Überwindung von Entfernungen als *Dampfross* den Weg gebahnt; zur Mitte des 20. Jahrhunderts hin offenbarte sich die schreckliche Seite wissenschaftlichen Fortschritts im *Atompilz*, der alles andere als genießbar ist; der Übergang zum 21. Jahrhundert in die Informationsgesellschaft ist vom *Internet* gezeichnet, bei dem kein Fischer mehr seine Netze auswirft; mittlerweile gibt es Kunststoffe mit *Formgedächtnis*, die jedoch kein Gehirn haben. Die Welt der Erfindungen lebt aus der Kraft von Metaphern, die das benennen, was bisher keinen Namen hatte und nicht benannt werden konnte. Eine treffende Metapher kann eine Offenbarung sein. Sie hat pragmatische Bedeutung, weil sie in unbekanntem Land Zeichen setzt und damit Orientierung gibt. Sie eröffnet ungeahnte Möglichkeiten und macht handlungsfähig. Manchmal ist es sogar lebensnotwendig, das richtige Wort, die treffende Metapher zu finden, die einen Weg aus der Sackgasse eröffnet. Wo Menschen an unüberwindlich scheinende Grenzen stoßen, bildet die richtige Metapher die Brücke, die über die Grenze hinaus ins unbekannte Land führt.

Metaphern sind aber keine aus der Luft gegriffenen Zeichen. Vielmehr knüpfen sie an das bereits bestehende System der Sprachzeichen an und überschreiten es zugleich. Ein bekanntes Wort wird verwendet, um etwas Unbekanntes, Fremdes auszudrücken. Dies macht die Metapher zu etwas Merkwürdigem, das aufhorchen lässt. Denn das Wort, das für das Unbekannte verwendet wird, passt eigentlich gar nicht. Es bezeichnet etwas ganz anderes. Dennoch trifft es den Nagel genau auf den Kopf. Es ist eine Dummheit, die zugleich scharfsinnig ist. Dies verknüpft sie mit dem, was in der Germanistik „Oxymoron" genannt wird. *Bittere Süße, beredtes Schweigen, stummer Schrei, entfernte Nähe* – das Oxymoron verbindet Worte miteinander, die sich ihrem Wort-Sinn nach widersprechen. Gerade ihr Widerspruch macht sie zu einer Aussage, die einen schwierigen Sachverhalt verblüffend genau zur Sprache bringt. Ein Kuss kann in der Tat zugleich bitter und süß sein, zum Beispiel, wenn er ein Abschiedskuss ist. Und es gibt Situationen, in denen das Schweigen mehr sagt als alle Worte, und das deswegen äußerst beredt ist.[2] Und wenn Heinz Rühmann sein „Hübsch häßlich habt Ihr's hier!" ausruft oder eine Jugendliche heute sagt, dass etwas „übelst schön" sei, ist auch ganz klar, was damit gemeint ist.

Schon die griechische Benennung *Oxymoron* sagt aus, dass es sich bei dieser Sprachfigur um eine „scharfsinnige Dummheit" handelt (οξύς = scharf, scharfsinnig; μωρός = töricht, dumm; vgl. Best 2000, 377). Selbstverständlich ist diese Bezeichnung selbst ein Oxymoron, denn die Eigenschaften *dumm* und *scharfsinnig* widersprechen sich. Wer sie zum ersten Mal hört, kann durchaus den Kopf schütteln und sie für überaus merkwürdig halten. Es handelt sich um ein Wort, das nicht passt, weil es sich selbst widerspricht, aber gerade damit eine Sache treffend bezeichnet. Allerdings trifft die Benennung „scharfsinnige

Dummheit" nicht nur auf die Sprachfigur des Oxymoron zu. Vielmehr ist jede gute Metapher eine scharfsinnige Dummheit.[3] Wenn sie neu ist und sich im Sprachgebrauch noch nicht eingebürgert hat, merkt man dies sofort. Und wenn sie gut ist, d.h. wenn sie ein Phänomen treffend benennt, dann wird die scharfsinnige Dummheit mit ihrem Scharfsinn vielleicht so bestechend sein, dass sie sich durchsetzt und allmählich ganz selbstverständlich zum Wortschatz gehört. Denn weil sie kurz und knapp und vielleicht sogar mit einem gewissen Humor ein Phänomen benennt, das ansonsten schwer zu beschreiben wäre, ist sie ausgesprochen gut zu gebrauchen. Sie hat eine pragmatische Bedeutung.

1.1 Die Sprache überschreitet sich selbst – der Handlungswert metaphorischer Entdeckungen

Metaphern prägen das Gesicht der alltäglichen Sprache. Dies erklärt, warum kein Mensch über Metaphern sprechen kann, ohne Metaphern zu verwenden. Der französische Philosoph Jacques Derrida verweist in seiner unnachahmlichen Art auf diesen Umstand: „Das Drama – denn dies ist ein Drama – besteht darin, daß es mir, selbst wenn ich es wollte, nicht gelingen würde, unmetaphorisch von der Metapher zu sprechen; sie würde fortfahren, sich meiner zu entledigen, und – wie ein Bauchredner – mich zum Sprechen zu bringen, mich zu metaphorisieren." (Derrida 1998, 199) Metaphern durchziehen die Sprache, legen ihre Bausteine und machen sie zugleich beweglich. Ohne sie gibt es keine Sprachentwicklung. Das Lebendige der Metapher ist daher kein Sonderfall der Poesie, sondern ein Grundzug von Sprache. Ivor Armstrong Richards[4] betont in diesem Sinn: daß die Metapher „das allgegenwärtige Prinzip der Sprache ist." (Richards in: Haverkamp 1998, 33) Wo Menschen sich in neue Welten vorwagen oder unfreiwillig in sie hinein gestoßen werden, brauchen sie eine neue Sprache, die im Unbekannten Orientierung gibt. Aristoteles sagt zu Recht: „Es ist aber bei weitem das Wichtigste, daß man Metaphern zu finden versteht." (Aristoteles: Poetik 1459[a]) Metaphern sind Zeichen, die der Orientierung in neuem Terrain dienen. Sie nehmen bekannte Worte zu Hilfe und verändern sie so, dass etwas Unbekanntes treffend ins Wort kommt. Damit bauen sie eine Brücke zwischen der bekannten Welt und dem unbekannten Land, vor dem die Wortschöpfung steht. Sie machen handlungsfähig in einer Welt, in der man sich zuvor nicht zurecht gefunden hat. Metaphern erzeugen eine neue Sprache, weil die ‚alte' Sprache vor der Wirklichkeit versagt. Dieser Zusammenhang zeigt sich besonders gut am Phänomen des *Computervirus*. Es führt den Entdeckungswert von Metaphern genauso vor Augen wie ihre Fähigkeit, neue Handlungen zu eröffnen.

Der Begriff *Virus* stammt aus der Medizin, wird aber im 20. Jahrhundert in der Welt der Technik auf ein bestimmtes Phänomen angewendet und heute auch in der Alltagssprache gebraucht. Zunächst kann festgestellt werden, dass ein Computervirus etwas ganz anderes ist als z.B. ein Grippevirus. In einem Wort werden hier Welten zusammen geführt, die ansonsten wenig miteinander zu tun haben. Computer sind immun gegen Grippeviren, die Menschen die Gesundheit rauben. Umgekehrt können Computerviren dem menschlichen Körper nichts anhaben, zumindest nicht unmittelbar. Und trotz der grundsätzlichen Verschiedenheit zwischen Computer, einer toten Maschine, und menschlichem Körper, einem Lebewesen, ist die Bezeichnung *Computervirus* äußerst scharfsinnig. Ihre offenbarende Kraft zeigt sich in der Situation derjenigen, die zum ersten Mal mit einem Virus im PC konfrontiert werden. Plötzlich geschieht etwas völlig Unverständliches mit dem Computerprogramm, der PC reagiert nicht mehr erwartungsgemäß, alles gerät durcheinander. Die Dateien sind nicht mehr aufrufbar oder verschwinden ganz, Programme richten sich gegen sich selbst und zerstören alles, was um sie herum ist. Der Computer „spinnt", und am Ende sagt er gar nichts mehr. Der Mensch aber sitzt fassungslos davor, sprachlos ob der Dinge, die sich vor seinen eigenen Augen abspielen. Es verschlägt ihm buchstäblich die Sprache. Und alles, was er tut und was sonst immer hilfreich war, funktioniert nicht und macht das Ganze nur noch schlimmer. Wer die Dateien noch schnell auf eine Diskette speichert und dem Nachbarn überspielt, erlebt sein blaues Wunder: Auch der zweite Computer rastet aus und lässt sich nicht mehr kontrollieren.

Um die Wirksamkeit des erschreckenden Phänomens zu durchschauen, ist es entscheidend, das Unbekannte bei seinem Namen zu nennen. Die Metapher, die in der Computerwelt für dieses Phänomen gefunden wurde, ist geradezu genial. Denn trotz der Unähnlichkeit der Bereiche, die in der Metapher „Computervirus" miteinander verbunden werden, ist sie treffend und aussagekräftig. Im Fall seines Auftretens ist es ungeheuer hilfreich zu begreifen, dass das Virus des PC wirklich ein Virus ist. Wer das seltsame Phänomen so identifiziert, wird sich entsprechend verhalten: er oder sie wird die alltägliche Arbeit mit dem PC ruhen lassen (Bettruhe, sozusagen) und alle Kräfte darauf richten, dass das Virus erfasst und beseitigt wird. Dazu braucht es das Antibiotikum des Anti-Viren-Programms, das die Viren funktionsuntüchtig macht. Wenn das Programm aber nicht alle erwischt, geht nach kurzem dasselbe los, denn ein Virus ist ansteckend. Schwierig ist es auch, wenn das Antibiotikum veraltet ist und die Viren sich schon weiter entwickelt haben, denn dann sind sie immun und unanfechtbar.

Der Körper eines Lebewesens und die Apparatur eines Computers haben auf den ersten Blick nur wenig gemeinsam. Dennoch trifft der Ausdruck *Computervirus* den Nagel auf den Kopf. Das Computervirus verhält sich im PC wie das Grippevirus im Körper. Es attackiert das Arbeitsprogramm und steckt alles an, wo es nur hin kommt. Rasend schnell hat es alles außer Kraft gesetzt und lahm gelegt. Aber gerade weil die Metapher so treffend ist, ist es wichtig zu unterscheiden, was sie sagen will und was nicht. Das Wort „Metapher" kommt aus dem Griechischen (μετὰ φέρειν) und wird normalerweise mit *Übertragung* übersetzt. Denn es wird ein Wort übertragen, ohne dass beide Wirklichkeiten miteinander identifiziert würden. Die Übertragung ist eine Verbindung, die auf der Sprachebene vollzogen wird, nicht auf der Gegenstandsebene. Wer weiß, was ein Computervirus ist, weiß zugleich, dass eine wesentliche Differenz zum Grippevirus besteht. Und diese Differenz ist entscheidend, denn ohne sie wäre die Metapher keine Metapher. Das bekannte Phänomen, mit dessen Bezeichnung das Unbekannte benannt wird, gehört einem ganz anderen Bereich an als das Unbekannte, um das es zu ringen gilt. Beide Bereiche werden in einem Wort miteinander verbunden, bleiben aber dennoch voneinander verschieden. Die Bezeichnung *Computervirus* macht den PC nicht zu einem Lebewesen, genauso wie das Tischbein den Tisch zwar zum Stehen, aber nicht zum Laufen bringt. Wer die Differenz nicht begreift, die in der Übertragung liegt, muss die Metapher für blanken Unsinn halten. Wer aber die Übertragung durchschaut, die gerade aufgrund der Differenz der Bereiche geschieht, kann die Metapher nutzen, um sich mit dem Unbekannten vertraut zu machen. Eine gute Metapher ist scharfsinnig. Sie führt zu einem Aha-Erlebnis, weil das endlich begriffen werden kann, was zuvor nicht zu begreifen war. Gute Metaphern haben Entdeckungswert. Sie sind eine Offenbarung.

Das Beispiel des *Computervirus* zeigt sowohl den Erkenntnis- als auch den Handlungswert von Metaphern. Wer das Unsagbare treffend benennen kann, erschließt damit neue Handlungsperspektiven. Die Metapher erklärt die Dinge, die zuvor unerklärlich waren, und ermöglicht Aktionen, die die Bedrohung bannen. Hierin liegt die kreative Sprachmacht von Metaphern. Als direkte Identifikation verstanden, wären sie blanker Unsinn. Ihr Scharfsinn liegt vielmehr auf der Sprachebene. Charakteristisch ist für eine Metapher, dass das vertraute Phänomen einem ganz anderen Bereich angehört und zunächst nichts mit dem zu tun hat, was mittels der Metapher endlich benannt werden kann. Das *Computervirus* hat nichts mit der Grippe zu tun, der *Wortschwall* macht nicht nass.

Jede Metapher hat dieses Unpassende, Merkwürdige. Sie ist einerseits befremdlich, weil sie Unverbundenes in einem kühnen Wurf miteinander verbindet. Andererseits ist sie zugleich eine Offenbarung, weil sie das erfasst, was vorher nicht sichtbar und unbegreiflich war. Sie schärft die Sinne und öffnet den Blick. Jede gute Metapher lebt aus dieser Spannung heraus. Sie ist eine scharfsinnige Dummheit, die mit ihrem Scharfsinn besticht. Das Geheimnis ihrer Kreativität liegt in der Fähigkeit, fremde Welten zu verbinden im Wort, das Bisheriges überschreitet und einen neuen Lebensraum eröffnet. Ein gutes Beispiel hierfür ist die Liebesanrede „mein Herz". Von einem Menschen zu sagen „Du bist mein Herz", ist – von der biologischen Bezeichnung „Herz" aus betrachtet – schlichtweg eine Dummheit. Das Herz kann nirgendwo anders sein als im eigenen Körper, sonst hört es auf zu schlagen. Dennoch konnte eine Frau, deren Mann am 11. September 2001 in den Zwillingstürmen von New York war, in einem Interview sagen: „Mein Herz war im World Trade Center." Den Hörerinnen und Hörern des Interviews war sofort klar, was sie damit meinte. Das Herz der Frau schlägt dort, wo der Geliebte sich in höchster Lebensgefahr befindet. Die Metapher „mein Herz" eröffnet hier den Lebensraum der Liebe. Sie hat ein Potential an Lebensmacht, die in bestimmten Situationen freigesetzt wird und neue Prozesse in Gang bringt. Sie kann den Alltag und das Leben insgesamt neu orientieren. Dies wurde besonders in dem Moment deutlich, als die Frau erfuhr, dass ihr Mann überlebt hat. Ihr stand klar vor Augen, wie wertvoll diese Liebesbeziehung ist. Die kleinen Zwistigkeiten des Liebesalltags schrumpfen zusammen im Blick auf die Erkenntnis, dass dieser Mann ihr Herz ist.

Metaphern bewegen sich im Spannungsfeld von Ähnlichkeit und Differenz. In größter Unähnlichkeit entdecken sie das, was ähnlich ist und zugleich über das Bekannte hinaus führt. Die Benennung des Bekannten stellt der Sprache Zeichen zur Verfügung, mit denen das Unbekannte in seiner Differenz bezeichnet werden kann. Der Begriff „Virus", der die Ursache der schmerzlichen Grippe bezeichnet, ist hervorragend geeignet, um den feindlichen Angriff auf ein Computerprogramm zu benennen. Das Phänomen, das zunächst unbegreiflich war, wird mit einem Zeichen versehen, das sowohl die Ähnlichkeit als auch die Differenz markiert. Dadurch entsteht ein neues Zeichen, denn das Computervirus ist etwas anderes als ein Grippevirus. Die neue Metapher erweitert damit den vorhandenen Sprachschatz. Sie besagt, dass es verschiedene Arten von Viren gibt – das Virus im Lebewesen und das Virus im Computer. Und genauso gibt es verschiedene Arten von Schätzen: den Goldschatz, den Wortschatz, und mancher Mensch ist ebenfalls ein Schatz.

An dieser Stelle zeigt sich nun auch der Unterschied zwischen einem Vergleich und einer Metapher.[5] Der Unterschied liegt in der Erweiterung des Sprachschatzes, den die Metapher schafft, der Vergleich jedoch nicht. Die Metapher überschreitet die Grenze der Sprache und bereichert ihren Wortschatz. Sie ist eine Überschreitung von Sprache mit Sprache, die ein neues Zeichen erzeugt. Der Vergleich rückt den Blick auf das Ähnliche, verdeckt dabei jedoch die Differenz. Metaphern hingegen arbeiten gezielt mit Differenzen. Sie verändern den Wortschatz, weil sie einen Fortschritt in der Erkenntnis der Wirklichkeit verkörpern und damit Handlungskompetenz ermöglichen. Aus diesem Grund führt die Unterscheidung von „eigentlicher" und „uneigentlicher Redeweise" als Kennzeichnung des metaphorischen Sprechens in die Irre. Die sogenannte Substitutionstheorie besagt, dass die Metapher das „eigentliche" Wort durch ein fremdes ersetzt – entweder, weil es noch kein „eigentliches" Wort gibt, oder aus rhetorischen Gründen, z.B. zur Ausschmückung einer Rede. „Man unterstellt, daß das, was die Metapher indirekt sagt, auch direkt zu sagen wäre." (Kurz 1997, 15) Diese Position verkennt jedoch den Realitätsgehalt der Metapher. Sie geht von einer Ursprungstheorie von Sprache aus, in der es einen „eigentlichen" Wortstamm gibt, der dort, wo eine Übertragung geschieht, „uneigentlich" wird (vgl. Parker in: Haverkamp 1998, 312). Die Sprache ist jedoch geschichtlich und bestimmt sich durch ihren Zugriff auf die Wirklichkeit. Ihre Herkunft ist ein schöpferischer Prozess, der auch in der Gegenwart zur Kreativität herausfordert. Sprachgeschichte entsteht nicht aus einem gloriosen Ursprung, sondern aus Problemen, vor denen Menschen stehen und die es mit einer neuen Sprache zu lösen gilt. Metaphern sind hier gravierend, denn sie bilden einen Begriff für Wirklichkeiten, die zuvor unbegreiflich waren.

Eine gute Metapher ist deswegen gerade keine „uneigentliche", sondern eine sehr treffende Redeweise. Sie will beim Wort genommen werden. Metaphern sind in der Lage, die unbekannte Wirklichkeit so zu bezeichnen, dass sich neue Handlungsmöglichkeiten erschließen. Sie machen einen Sachverhalt begreiflich und operationabel. Hierin liegt der unermessliche Wert der kühnen Überschreitung, die die Metapher vollzieht. Sie hat einen Mehrwert an Erkenntnis und Handlungspotential. Wird sie gestrichen, so zieht dies einen Bedeutungsverlust nach sich. Die Etikettierung der Wortart als „uneigentlich" verdeckt die Tatsache, dass das Werden von Sprache insgesamt ein metaphorischer Prozess ist. Menschen entdecken das Unbekannte, indem sie das Bekannte auf das Unbekannte hin überschreiten. Hierzu braucht es einen Qualitätssprung, der auf sprachlicher Ebene mit der Überschreitung von Zeichen vollzogen wird. Eine neue Metapher ist ein Schlüsselwort, das eine bisher verschlossene Welt öffnet. Sie hat einen überraschenden Realitätsgehalt, weil sie eine bisher unbekannte Wirklichkeit erschließt, eine Problemlösung ins Blickfeld rückt und damit auf neue Weise handlungsfähig macht.

Da Metaphern den Sprachschatz erweitern, ist es präziser, das griechische Wort *Metapher* im Deutschen mit *Überschreitung* wiederzugeben. Dies spitzt die klassische Bezeichnung *Übertragung* zu. Der Mystikforscher Michel de Certeau bemerkt: „Im heutigen Athen heißen die kommunalen Verkehrsmittel metaphorai. Um zur Arbeit zu fahren oder nach Hause zurückzukehren, nimmt man eine ‚Metapher' – einen Bus oder einen Zug." (Certeau 1988, 215)[6] Mit einem Bus oder Zug kommt man aber nicht nur nach Hause, sondern auch in unbekannte Städte und ferne Länder. Metaphern sind dazu da, den Ort zu wechseln, Räume zu durchqueren, Grenzen zu überwinden. Dies gilt auch für die Sprache. Ihre Metaphern sind Überschreitungen, die an das bereits bestehende System der Sprachzeichen anknüpfen, um über es hinaus zu kommen. Sie zielen darauf, in neuen Welten handlungsfähig zu werden.

Um zu verdeutlichen, wie diese Sprachüberschreitung geschieht und was sie bewirkt, ist eine kurze sprachphilosophische Erläuterung notwendig. Gottlob Frege (1848–1925) hat eine Unterscheidung in die philosophische Debatte eingeführt, die vor allem Paul Ricœur in seinem Buch „Die lebendige Metapher" (Ricœur 1991) aufgreift: die Unterscheidung von *Sinn* und *Bedeutung*. *Sinn* bezieht sich auf die Sprachebene und meint den Gedanken, *Bedeutung* entscheidet sich am Realitätsbezug der Zeichen. „Der Gedanke kann also nicht die Bedeutung des Satzes sein, vielmehr werden wir ihn als den Sinn aufzufassen haben. […] So werden wir dahin gedrängt, den *Wahrheitswert* eines Satzes als seine Bedeutung anzuerkennen. Ich verstehe unter dem Wahrheitswerte eines Satzes den Umstand, daß er wahr oder daß er falsch ist." (Frege 1980, 47f) Paul Ricœur übernimmt diese Unterscheidung als „erste große Begriffsdifferenzierung, die für die *Lebendige Metapher* entscheidend ist" (Ricœur 1991, II), und wendet sie fortführend „auf den Bereich des Dichterischen" an (ebd.). Er fragt also auch nach dem Realitätsgehalt des Poetischen, widerspricht konsequent der Substitutionstheorie und beharrt auf dem Mehrwert der Metapher. Er geht sogar so weit zu behaupten, „daß nämlich jede Metapher ein Miniaturgedicht ist" (ebd., VII). Dass es dabei nicht um eine deplazierte Poetisierung des Profanen geht, darauf verweist die Etymologie des Wortes „Vers", des Bausteins des Gedichts. Auch der „Vers" ist eine Metapher. Sie greift auf die Landwirtschaft zurück, wo sie das Umwenden des Pfluges auf dem Feld bezeichnet. Im Gedicht ist der Vers die überraschende, unerhörte Kehrtwende eines Gedankens. In diesem Sinn ist jede Metapher ein Gedicht, denn: „Eine wörtliche Ungeheuerlichkeit, ein neuer prädikativer Geltungsbereich und eine Wortverdrehung – das sind die Kennzeichen einer lebendigen Metapher." (Ricœur 1984, 22f) Vom Bildspender aus betrachtet ist die Metapher eine Ungeheuerlichkeit. Sie verwendet das alte Sprachzeichen, indem sie es auf eine fremde Realität bezieht und ihm damit neue Bedeutung verleiht. Sie unternimmt eine Wortverdrehung, die einen Blickwechsel bewirkt.

Paul Ricœur hat besonders in seiner Auseinandersetzung mit Aristoteles (Ricœur 1991, 13–55) den innovativen Mehrwert der Metapher herausgearbeitet. Im Duktus seiner Existenzhermeneutik unterscheidet er zwischen der *semantischen Innovation*, die sich auf der Sinnebene bewegt und eine sprachimmanente (Sprach)erweiterung erzielt, und der *heuristischen Funktion*, die sich auf der Bedeutungsebene bewegt und „eine Vergrößerung des Entdeckungs- und Verwandlungsvermögens [erzielt], das die Rede gegenüber wahrhaft ‚neuen' Realitätsaspekten, ‚unerhörten' Aspekten der Welt besitzt" (ebd.). Die Stärke der Metapherntheorie Ricœurs liegt im Aufdecken der heuristischen Funktion, die das Unerhörte als innovative Größe einführt. Metaphern sind satzsemantisch zu begreifen und gehen immer mit einem Bruch einher: „Die semantische Identität wird in der Rede durch das Wort gewährleistet. Diese Identität wird durch die Metapher angegriffen." (Ricœur 1991, 8) Was bei Ricœur hier nicht eigens genannt wird, ist eine dritte, nämlich die *pragmatische Funktion*:[7] die überraschende Entdeckung, die eine innovative Metapher verkörpert, hat Handlungswert. Dies wurde bereits am Beispiel des *Computervirus* deutlich. In einer Situation, die zum Verstummen bringt, sprachfähig zu werden, heißt, neues Handlungspotential aufzuweisen. Die Metapher hat pragmatische Bedeutung.

Die drei Funktionen der Metapher hängen daher eng zusammen. Die Sprachüberschreitung, die einen bekannten Namen für ein unbekanntes Phänomen verwendet, vollzieht sich zunächst auf der Sprachebene und betrifft damit den Sinn der Worte. Doch sie zielt auf eine neue Bedeutung, die im Unbekannten handlungsfähig macht. Ein weiteres Beispiel macht dies deutlich. Obwohl *Mars* und *Morgenstern* zwei Himmelskörper sind, ist es ein großer Unterschied, ob ich zu jemandem sage: „Du bist mein Morgenstern" oder „Du bist mein Mars". Der Unterschied liegt im Sinn, den die deutsche Sprache diesen Himmelskörpern zuweist: der Morgenstern, der mit der Venus identisch ist, ist hier ein verlockender Stern; der Mars hingegen ist der Planet eines bedrohlichen Kriegsgottes. Der eine Stern setzt ein Zeichen der Verheißung, der andere ein Zeichen der Gewalt. Daher kann die eine Metapher dazu dienen, die Liebe anzufeuern, die andere hingegen den Krieg. Dieser Handlungsbezug weist darauf hin, dass sich die Überschreitung von Sinn so vollzieht, dass das alte Wort eine neue Bedeutung erhält. Mit einer Metapher wird in den Sinn einer sprachlichen Aussage die Bedeutung einer anderen Erfahrung eingraviert. Die Veränderung auf der Sinnebene zielt auf die fragwürdige, nicht-sagbare Realität hin. Dass das alte Sprachzeichen mit der Gravur einer fremden Erfahrung versehen wird, erzeugt ein neues Zeichen.

1.2 Der ermüdende Weg einer Metapher und ihre verborgene Lebendigkeit

In metaphorischen Prozessen bleibt Sprache der sich verändernden Wirklichkeit auf der Spur. Daher betont der französische Philosoph Michel Foucault zu Recht, dass „die Metapher eine der Sprache innerliche Struktur ist" (Foucault 2001, 492). Frei übersetzt heißt dies: die Überschreitung ist eine der Sprache innerliche Struktur. „Innerlich" ist sie, weil sie nicht aus der Sprache herauszunehmen ist, ohne dass diese zusammenbricht. Sprache braucht ihre eigene Überschreitung. Ein Dispositiv des Sagbaren ist demnach das Unsagbare. Auf dieses Unsagbare hin produzieren Metaphern eine Erweiterung des Sprachschatzes, die in einer Welt der Umbrüche handlungsfähig macht.

Wird eine Metapher jedoch längere Zeit gebraucht, dann verschwindet das Bewusstsein davon, dass es sich bei ihr um eine Überschreitung handelt. Worte wie *Schuhlöffel, Trauerweide, Wortschatz, Begriff, Text, Zeitungsausschnitt, Kuchenboden, Kindergarten, Luftschloss, Ohrwurm* oder *Gehirnwäsche* könnten Bände davon erzählen. Mit der alltäglichen Verwendung geht das Überraschende und Merkwürdige der Metapher verloren. Sie ist keine „Dummheit" mehr, sondern ganz normal und wird mit aller Selbstverständlichkeit gehandhabt. In den Sprachgebrauch integriert und lexikalisiert, gehört sie zu seinem alltäglichen Bestand. Allerdings verliert sie mit dem Merkwürdigen auch ihren scharfsinnigen Gehalt. Das Aha-Erlebnis bleibt aus, denn das Phänomen, das mit ihr bezeichnet wird, ist bekannt und verfügbar. Der metaphorische Gehalt verschwindet, er ist nicht mehr offensichtlich, weil er nicht mehr gebraucht wird. Nach Nelle Morton ist dieser Weg, den die Metapher zurücklegt, die metaphorische Reise (vgl. Morton 1985, 152ff): zunächst ist die Metapher lebendig, aussagekräftig, neu und überraschend; dann geht sie durch eine Phase der Gewöhnung, der Normalität, bis sie am Ende stirbt. In solcher Weise abgestorbene Sprachbilder werden auch als *tote Metaphern* bezeichnet. Wenn die Metapher genannt wird, ist nur noch der Bildempfänger, d.h. der bezeichnete Gegenstand im Blick, der Bildspender wird nicht mehr mitgedacht. Tote Metaphern gehören selbstverständlich zum Vokabular und sind denen, die dieser Sprache mächtig sind, vertraut.

Jacques Derrida weist allerdings darauf hin, dass nicht die Metapher selbst tot ist. Es verhält sich keineswegs so, dass die Metapher am Anfang eine kurze Blütezeit hat, dann aber schnell verblüht und endgültig stirbt. „Die Abnutzung ist auch eine Metapher, die eine kontinuistische Vorannahme involviert: folgt man dieser Annahme, so ist die Geschichte einer Metapher ihrem Wesen nach nicht die einer Verschiebung, mit Brüchen, Reinskriptionen in ein heterogenes System, Mutationen, ursprunglosen Abwegen, sondern die einer progressiven Erosion, eines regulären semantischen Verlustes, einer ununterbrochenen Auszehrung des ursprünglichen Sinnes." (Derrida 1998, 208) Wenn die alltägliche Benutzung der Metapher den Bildspender vom Bildempfänger abtrennt, dann gerät auch das kreative Potential der Überschreitung aus dem Blick. Aber die Rede von der „Abnutzung" einer Metapher ist trügerisch. Ihr „Tod" bezieht sich auf ihren derzeitigen Sprachgebrauch, der sich jederzeit wieder ändern kann. Die Übertragung bleibt auch in der lexikalisierten Metapher lebendig und kann erneut in den Blick gerückt werden. Die Metapher bewahrt ihren offenbarenden Gehalt und ihr kreatives Potential. Es kann erschlossen werden, sobald es gebraucht wird. Die Qualität einer Metapher erweist sich gerade daran, ob sie sich in einer neuen Situation bewährt. Viele Metaphern gehen verloren, geraten in Vergessenheit, weil sie nicht mehr gebraucht werden. Aber viele Metaphern halten sich auch, weil sie sich in ganz anderen Lebenssituationen ebenfalls zu bewähren verstehen. Dies führt zu Verschiebungen in ihrer Bedeutung, manchmal auch zu Umbrüchen und Gegenschreibungen. Dass dies möglich ist, macht gerade ihren Wert aus. Wer vom „Wortschatz" spricht, erkennt nicht unbedingt, dass es sich hier tatsächlich um einen Schatz handelt. „Daß der Wortschatz ein Friedhof ausgelöschter, aufgehobener, ‚toter' Metaphern ist, steht fest." (Ricœur 1991, VI) Trotzdem bewahrt die Metapher vom Wortschatz die Kraft, den Wert von Sprache zu bezeichnen und ihn damit auch zu erschließen. Wer die Kreativität von Sprache am eigenen Leib erfährt, kann überrascht feststellen: „Die Sprache ist tatsächlich ein Schatz!" Die tote Metapher wird wieder lebendig, weil sie buchstäblich *beim Wort genommen* wird. Ähnlich verhält es sich bei *Text* als Sprachgeflecht, bei *Begriff*, der etwas begreift und erfasst. Die Sprache, das Wort, bewahrt sein kreatives Potential, auch wenn dies von denen, die das Wort gebrauchen, nicht geweckt wird. Hierin zeigt sich ein Problem, das nicht nur für Metaphern, sondern für Sprache insgesamt besteht – die Worte „Ich liebe dich" sind unzählige Male gebraucht worden, aber dennoch nicht abgenutzt und unbrauchbar. Sie können eine neue Lebenskraft entfalten und sind daher keinesfalls tot.

Jede Sprache braucht Metaphern, um lebendig und in Fühlung mit der Wirklichkeit zu bleiben. Sie verfügt bereits über Metaphern, braucht aber auch neue, um dem Leben auf der Spur zu bleiben. Dabei können alte und neue Metaphern miteinander ins Gespräch kommen und sich gegenseitig überschreiten. Sie erschließen ein Sprachfeld, das unbekanntes Land urbar macht. Oft können alte Metaphern erst mit Hilfe von neuen wieder lebendig werden. Im metaphorischen Prozess vollzieht sich das Grundprinzip von Sprache, die sich selbst überschreitet, um mit der Wirklichkeit Schritt zu halten. Wo immer Sprache an ihre Grenzen stößt, wo sie mit Dingen konfrontiert wird, die sie nicht benennen kann, überschreitet sie sich selbst mit Hilfe neuer Metaphern. Das Unsagbare setzt einen Prozess in Gang, dessen Ziel die Metapher ist, in der das Unsagbare ins Wort kommt.

Weil sie Neues zu erfassen vermögen, haben Metaphern Entdeckungswert. Dies zeigen Beispiele wie *Motorhaube*, *Schlagzeile* und *Ele-*

fantenhochzeit. Sie markieren Fortschritte im Bereich der technischen, kulturellen oder politischen Entwicklung. Sie können entlarvend sein und das aufdecken, was absichtlich verborgen oder verschwiegen wird. Damit erfüllen sie eine zentrale Aufgabe von Sprache, wie sie Günter Eich formuliert: „Sprache beginnt, wo verschwiegen wird." (Eich 1991, IV-373) In der Welt der Politik wird deutlich, wie wichtig es ist, das Verschwiegene zu benennen und welche Möglichkeit Metaphern hierzu bieten – der *Wendehals* oder die *Stasi-Seilschaft* im Herbst 1989, die *Geldwäsche* und die *Geldwaschanlage* in der Illegalität der Parteienfinanzierung. Wegen ihres Erkenntnisfortschritts eröffnen Metaphern neue Handlungsmöglichkeiten. Sie haben pragmatischen Wert, weil sie in einer Situation der Verwirrung Orientierung geben. Auch diese Dimension wird an den Metaphern der Entlarvung deutlich. Wer begriffen hat, dass es sich bei einem Kandidaten für ein politisches Amt um einen *Wendehals* handelt, wird sich in der Wahlkabine entsprechend verhalten. Metaphern schärfen den Blick der Sprache auf das hin, was im Verborgenen liegt. Sie bringen Licht ins Dunkel und lassen das Unsichtbare klar hervortreten. Das Verborgene wird erkennbar, das Verschwiegene kommt zu Wort. Daher sind Metaphern das Auge der Sprache.

1.3 Überschreitungsprozesse in Adjektiv und Verb – der Körper schreibt sich in die Sprache ein

Wenn von Metaphern die Rede ist, wird der Blick meist auf Substantive gerichtet. Dies ist insofern verständlich, als in einer Substantiv-Metapher der Zeichentransfer in einem Wort geschieht. Allerdings weiß die Germanistik auch von Wortgruppen, die miteinander eine Metapher darstellen. So ist „der Zahn der Zeit" oder auch das Bild vom „Schraubstock der Sehnsucht" in Nelly Sachs' Gedicht „Zwischen deinen Augenbrauen" eine Genitiv-Metapher. Dies verweist darauf, dass nicht nur ein Substantiv metaphorisch sein kann, sondern auch Wortgruppen. Und wenn es stimmt, dass Metaphern den Grundstein der Sprachentwicklung bilden, ist zu vermuten, dass auch Verben und Adjektive in metaphorischen Prozessen entstehen. Tatsächlich müssen Metaphern nicht zwingend Substantive sein. Sobald die Aufmerksamkeit auf diese Frage gerichtet wird, purzeln in der Alltagssprache Metaphern auch in Adjektiv und Verb zu. Ein *Kuss* ist *stürmisch*; ein *Gedanke grundlegend*; die *Zeit läuft* einem davon, das *Leben verlischt*. Spracherneuerung, die den vorhandenen Sprachschatz erweitert, vollzieht sich in Sinnüberschreitungen, die eine neue Bedeutung konstituieren. Ein *stürmischer Kuss* hat zunächst nichts mit einem Sturm zu tun. Insofern ist die befremdliche Wortkombination eine Dummheit. Aber die Sprachüberschreitung, die in dieser Dummheit geschieht, ist scharfsinnig. Denn ein Kuss kann in der Tat *umwerfend* sein. Schon so manchen hat ein Kuss aus der gewohnten Bahn geworfen. Er lässt Schutzmauern des Selbst *spielend* einstürzen und gibt dem Leben eine neue Richtung. Deswegen ist die Rede vom *stürmischen Kuss* eine bestechend scharfsinnige Dummheit. Ähnlich verhält es sich mit dem *süßen Kuss*, der ja auch nicht sagt, dass jemand gerade Zucker gegessen hat, sondern dass in diesem Kuss die Süße des Lebens zufließt. *Gesalzene Preise* und *gepfefferte Strafen* sind keine Aussagen über kulinarischen Genuss. Aber sie besagen, dass einem der Kauf verleidet ist oder die Folgen einer Handlung doch etwas zu scharf geraten sind.

Neben Adjektiven verkörpern sich metaphorische Prozesse auch in Verben.[8] Die Nacht *flieht*, obwohl sie weder Beine noch Räder hat; der Tag *erwacht*, ohne dass er zuvor eingeschlafen wäre; jemand *greift mir ins Wort*, ohne seine Hände zu benutzen. In aller Hektik kann jemand zum Bahnhof *kommen*, zum Kiosk oder zur Post – aber auch *zur Ruhe*. Die Zeit kann *totgeschlagen* werden, obwohl sie kein Lebewesen ist. Jemand kann mir *im Gespräch entgegen kommen*, obwohl alle sitzen bleiben. In mangelnder Konzentration *entfällt* der entscheidende Gedanke, der hoffentlich später wieder *einfällt*. Letzteres Beispiel zeigt, wie geistige Prozesse, die ja nicht sichtbar und greifbar sind, in Körpermetaphern benennbar werden. Zunächst einmal entfällt ein Taschentuch oder ein Bleistift oder irgendein anderer materieller Gegenstand. Aber auch Gedanken können entfallen, und man fragt sich, wohin sie plötzlich verschwunden sind.

Substantive sind nicht das einzige Ergebnis eines metaphorischen Prozesses. Oft bildet er ganze Wortfelder aus weiteren Substantiven, Adjektiven und Verben. Sie spielen mit den Konnotationen, die dem entlehnten Wort zueigen sind. Eine Rede kann *fließend* sein oder *stockend* vorgebracht werden. Ein *Wortschwall* ist etwas ganz anderes als ein *Wortfluss*. Weder der *Wortschwall* noch der *Wortfluss* machen nass. Aber der Wortschwall *überschwemmt*, er bricht plötzlich und heftig über eine herein und raubt die Luft zum Atmen. Während der *Wortfluss* leichtfüßig durch schwierige Themen hindurch trägt, reißt der *Wortschwall* den Boden unter den Füßen weg und gefährdet das seelische Gleichgewicht.

Der Blick auf Metaphern in Adjektiv und Verb weist auf etwas hin, das für Metaphern insgesamt charakteristisch ist. Wo es um etwas Nicht-Materielles geht, etwas, worauf man nicht mit dem Finger zeigen kann, verwendet die Sprache Körpermetaphern. Sie führen das vor Augen, was nicht sichtbar ist, und bringen das Nicht-Hörbare zu Gehör. Welche Position eine bestimmte Person in einem sozialen Gefüge hat, steht ihr nicht auf der Stirn geschrieben. Aber die Sprache kann es körperlich ausdrücken: „Sie ist der Kopf des ganzen Unternehmens." Hat sie jemanden zur Seite, der ihr Wichtiges zuverlässig abnimmt, so ist er „ihre rechte Hand". Der Körper ist greifbar, sichtbar, mit allen Sinnen erfahrbar. Da Menschen in Körpern mit Körpern leben, ist es naheliegend, dass sie dort, wo es ihnen die Sprache versagt, auf die Sprache des Körpers zurückgreifen. Der Körper schreibt sich in die Sprache ein.

Viele Metaphern werden aus dem Sprachschatz des Körpers geschöpft: *jemandem in den Rücken fallen* oder *den Rücken stärken; eine gute Figur machen; durch Mark und Bein gehen; etwas auf Herz und Nieren prüfen; jemandem das Genick brechen; jemandem den Kopf waschen, etwas ans Bein binden, vor den Latz knallen; den Dingen ins Auge sehen; sich an etwas die Zähne ausbeißen; eine Sache in den Griff bekommen; jemandem etwas in die Schuhe schieben oder eine Last aufbürden; scharfzüngig sein. Das Wasser steht ihr bis zum Halse. Etwas vor Augen führen. Den Nagel auf den Kopf treffen. Sich einen Gedanken durch den Kopf gehen lassen; viel um die Ohren haben; das Gesicht zur Faust ballen* – der Körper ist in der Sprache präsent. Ein *Gedankengang* wird von den Zuhörerinnen und Zuhörern aufmerksam *verfolgt*. Dabei kann eine *Handreichung* hilfreich sein. Außerdem ist wichtig, dass niemandem *das Wort im Mund herumgedreht* wird. Bei ernsthafter Auseinandersetzung *erheben sich* viele Fragen, von denen nur ein Teil laut *gestellt* wird. Oder der Vortrag ist so inspirierend, dass eine gute Idee *zufliegt*. Bei einer Konferenz *verlassen* wir einen Tagesordnungspunkt und *gehen* zum nächsten über – und das, obwohl alle sitzen bleiben. Eine lange verschleierte Sache kann dabei *an den Tag kommen* oder lange *im Schatten der Geschichte* verborgen bleiben.

Abstrakte Prozesse und Sachverhalte werden in Körpermetaphern benennbar. Ein sprechendes Beispiel ist hierfür die Zeit. Sie ist nicht sichtbar, aber dennoch stellt sie im Leben von Menschen eine Macht dar. Das vorhandene Sprachsystem, das zunächst mit der Bezeichnung von Körpern und ihren Teilen beginnt, muss auf dieses Unsichtbare hin überschritten werden, damit es organisierbar wird. „Wir können ja die Zeit gar nicht anders benennen als metaphorisch." (Weinrich in: Haverkamp 1998, 339). Auch hier wird auf etwas Materielles zurückgegriffen: die deutsche Sprache erzählt vom *Zeitfluss* und davon, dass die Zeit *läuft* und allzu schnell *verrinnt*. Hier werden Zeichen des Flüssigen verwendet, um sich gezielt in der Zeit bewegen zu können. Metaphern führen geistige Zusammenhänge vor Augen, die der Natur der Sache nach unsichtbar sind. Sie tun dies mit Blick auf den Körper. Sie greifen zurück auf die Substantive, Verben und Adjektive, die den Leib und seine Prozesse beschreiben. Auf diese Weise schreibt sich der Körper in die Sprache ein.

Es gibt demnach sowohl eine Bewegung vom Körper auf die Sprache hin als auch von der Sprache auf den Körper zu. Der Körper schreibt sich in die Sprache ein – und die Sprache verkörpert sich. „Die Worte gleiten durch unseren Körper hindurch" (Irigaray 1979, 211), wie die französische Philosophin Luce Irigaray sagt. Worte gleiten durch den Körper, setzen sich fest, bohren sich tief und nisten sich unbemerkt in den Fugen des Körpers ein. Sind sie erst einmal erfunden, so gehen Metaphern ihre eigenen Wege. Sie lassen sich ein auf den Text, das lebendige Netzwerk von Metaphorisierungen, die miteinander sprechen und sich gegenseitig Form verleihen. So sind Tiermetaphern sehr beliebt sowohl in Koseworten als auch in Beleidigungen – die Palette reicht von *meine Maus* über *du Rindvieh* bis zum *Elefant im Porzellanladen*. Mit unsichtbarer Macht greifen Metaphern auf das Leben von Menschen zu. Als Worte sind sie nicht sichtbar wie eine Waffe. Dennoch können sie zuschlagen und verletzen. Konflikte führen dies besonders deutlich vor Augen. In Metaphern werden gezielt Beleidigungen, Lügen oder Verleumdungen in die Welt gesetzt. Sie können seelische Wunden schlagen, die länger schmerzen als eine körperliche Wunde. Die deutsche Sprache ist voller Metaphern, die diesen Zugriff der Sprache auf den Körper beschreiben. Worte können *im Magen liegen, auf der Schulter lasten, über die Leber laufen.* Sie gehen nicht aus dem Kopf und rauben nachts den Schlaf. Metaphern verändern die Präsenz der Welt für diejenigen, die sie gebrauchen und in ihnen leben. Die Zeichen, die sie setzen – die Signifikanten – formatieren die Wirklichkeit und greifen damit auf das zu, was bezeichnet wird – das Signifizierte. Lacan stellt heraus, „wie das Signifikante tatsächlich ins Signifizierte eingeht, in einer Form nämlich, die, da sie keine immaterielle ist, die Frage nach seinem Platz in der Realität aufwirft." (Lacan in: Haverkamp 1996, 183) Der Wirkungsort der Metaphern ist der Körper. Dies kann sehr belebend sein wie in gelungenen Liebeserklärungen. Es kann aber auch verletzend sein bis dahin, dass es ein Todesurteil spricht.[9] Krieg beginnt mit Verschiebungen in der Sprache, mit der Art und Weise, wie über den Feind, der vielleicht noch gar keiner ist, gesprochen wird. Sprache hat Macht über die Welt der Dinge, insofern sie festlegt, wie diese gesehen, eingeordnet, behandelt werden. Körper und Sprache bilden eine Polarität, deren Spannungsfeld in Metaphern genutzt, aber auch verändert wird. Wo Sprache entmachtend auf den Körper zugreift und damit Leben beschneidet, gilt es, eine neue Sprache zu finden, die diesem Zugriff widersteht.

1.4 Wo die Sprache versagt – der Entstehungsort neuer Metaphern

Im Alltagsverständnis werden Metaphern Gedichten zugeordnet. Dies hat seine Berechtigung, weil Metaphern als Sprachschöpfungen immer etwas Poetisches sind. Das Wort *Poesie* stammt aus dem Griechischen ποιέω und bedeutet *machen, verfertigen, erschaffen, hervorrufen, Früchte tragen, arbeiten.* In der Poesie geht es nicht um den Klang schöner Worte, sondern um das kreative Potential der Sprache, die unbekannte Welten erschließt. Wo die vorhandene Sprache nicht mehr greift, braucht sie Erneuerung. Die Sprache versagt, im wahrsten Sinn des Wortes. Daher ist sie herausgefordert, sich selbst zu überschreiten. An genau dieser Stelle setzt die Metapher an. Denn mit der Metapher geht die Sprache gegen ihr eigenes Versagen vor. Eine treffende Metapher überwindet bedrängende Sprachlosigkeit. In ihr verkörpert sich die Lösung des Problems, das zuvor verstummen ließ.[10] Das Versagen der Sprache ist daher paradoxerweise der Motor jeder Sprachentwicklung. Die Metapher wiederum ist die Sprachform, die diese Entwicklung vorantreibt. Sie zielt darauf, das Unsagbare zu benennen und handhabbar zu machen.[11]

Metaphern setzen bei dem Versagen an und ermöglichen eine Überschreitung der Sprache durch Sprache. Hierin liegt die Wurzel ihrer Lebensmacht. Sie können das Leben aus der Erstarrung herausführen und ihm neuen Schwung verleihen. Der Erfindung von überraschenden Metaphern ist es zu verdanken, dass Sprache lebendig bleibt und gezielt in die Wirklichkeit eingreifen kann. Der metaphorische Prozess treibt Sprache voran und entwickelt sie weiter. Metaphern markieren ein Fortschreiten der Sprache und bringen sie wieder in Fluss. Allerdings ist hierbei zu bedenken, dass das Wort „Metapher" eine Sprach*figur* bezeichnet. Es bezieht sich auf die *Form* des Wortes, auf seine Sprachform. Mit ihr ist jedoch noch nichts über den Inhalt gesagt, der mit ihr zum Ausdruck kommt. Metaphern verkörpern zwar das schöpferische Potential von Sprache. Dies bedeutet jedoch nicht, dass sie immer lebensdienlich sind. Metaphern können den Tod herbeirufen und ihm dienen. Sie können einen Fortschritt auf das Leben oder auf den Tod hin eröffnen. In der Form sind sich die Metaphern durch die Sprach-Überschreitung gleich. Ihre Inhalte können jedoch sehr unterschiedlich sein. Im Folgenden soll an drei Beispielen gezeigt werden, welche Handlungsfelder sie eröffnen. Die drei Bereiche sind sehr unterschiedlich und wollen die Weite des Sprachfelds der Metaphern abstecken – wohl wissend, dass viele weitere Handlungsfelder benannt werden können.

1.4.1 Der Entdeckungswert von Sprache in der Welt der Erfindungen

Nicht nur, wenn es um romantische Gefühle geht, sondern auch in der rationalen Welt der Technik spielt das metaphorische Sprechen eine wichtige Rolle. Dafür ist der oben beschriebene *Computervirus* ein einleuchtendes Beispiel. Auch die Sternensprache der Astronomie ist aufschlussreich: hier gibt es die *Brutstätte neuer Sterne* und ihre *Geburt*, obwohl am Himmel niemand ist, die brüten oder gebären könnte; einen *Cirrus-Nebel*, obwohl keine Wasserteilchen durch die Luft schweben; ein *Auge am Himmel*, das aber nichts sieht; den *Sterbenden Stern*, obwohl dieser nie lebendig war; und den *Schmetterling im All*, der kein Insekt ist. Bei jedem dieser Sprachbilder handelt es sich um Metaphern, die das Himmelsphänomen anschaulich vor Augen führen.

Es ist kein Zufall, dass gerade in der Welt der Entdeckungen und Erfindungen so viele neue Metaphern entstehen. Im Gegenteil. Die Entdeckung oder Erfindung von etwas Neuem ist immer ein metaphorischer Prozess, der sich im Spannungsfeld von Gleichheit und Differenz bewegt. In der Geschichte der Chemie gibt es hierfür ein gutes Beispiel. Der Chemiker Friedrich August Kekulé (1829–1896) war in den sechziger Jahren in seinen Forschungen mit Phänomenen konfrontiert, die er nicht benennen konnte, weil es das passende Wort noch nicht gab für das, was sich in den Experimenten und Debatten mit Kollegen als Unbekanntes zeigte. Dieses Unbenennbare ließ ihm keine Ruhe. Da war etwas verborgen, das erst in einem neuen Wort zum Vorschein kommen konnte. Während einer nächtlichen Busfahrt in London kam ihm 1865 ein Traum zu Hilfe, der mit seinen Experimenten zunächst gar nichts zu tun hatte. Er träumte von merkwürdigen tanzenden Wesen, Affen gleich, die sich im Reigen miteinander verbanden, in Paaren zu zweit, zu dritt sich gleichsam umarmten und nach einer bestimmten Struktur Ketten bildeten.[12] Diese Kette schloss sich zusammen wie eine Schlange, die sich in den Schwanz beißt. Als Kekulé an der Endstation des Busses von der Stimme des Schaffners geweckt wurde, konnte er die Lösung seines Problems zur Sprache bringen: die Elemente Kohlenstoff und Sauerstoff verbinden sich auf spezifische Weise zu einem *Ring*, in dem die Elemente miteinander verbunden sind, sich aber auch wieder lösen können. Die im Traum kreistanzenden Affen hatten ihm eine Sprache eröffnet, mit der er sein Problem im Chemielabor lösen konnte. Der „Benzolring" war erfunden und mit ihm ein Wort, das der Chemie eine neue Sprache eröffnete. Wenn jeweils sechs Kohlenstoffatome einen Ring bilden und sich je ein Wasserstoffatom an jedes Kohlenstoffatom anlagert, so entsteht ein stabiles Gebilde. Die Theorie, dass organische Moleküle Ketten und Ringe bilden, führt zur Lösung vieler Strukturprobleme. So hat Kekulé nicht nur die Vierwertigkeit des Kohlenstoffs entdeckt, sondern wurde damit auch zum Begründer der strukturalen Chemie.

Der metaphorische Prozess vollzieht sich wie bei Kekulé und dem Tanz der Atome: Ein Wort, das gar nichts mit dem vorliegenden Problem zu tun hat, setzt ein Zeichen, das in die richtige Richtung weist und etwas bisher Verborgenes, das aber entscheidend ist, ans Licht treten lässt. Die Metapher gehört zunächst nicht in das tradierte Wortfeld des Problems; weil es aber das Problem erschließt, gehört es ab sofort dazu. Ja, es nimmt sogar eine zentrale Stellung ein, weil es eine produktive Kraft entfaltet, die Probleme löst. Weitere Wörter entstehen im Umfeld. So kann man die Entwicklung der strukturalen Chemie als eine Wortfelderweiterung der Metapher *Benzolring* beschreiben. Die Welt der Technik und der Wissenschaft ist keinesfalls metaphernfrei und unpoetisch. Mit Hilfe von Metaphern begreifen Menschen Wirklichkeit. Sie bilden daher keinen Gegensatz zu Begriffen, sondern sie sind selbst welche.[13] Schon die „Schenkel" in der Geometrie weisen darauf hin. Harald Weinrich sagt zu Recht: „Es ist daher unnötig, daß in den Wissenschaften von Zeit zu Zeit Ikonoklasten auftreten, die alle Metaphern als unwissenschaftlich verbannen wollen. Ein vergebliches Unterfangen übrigens und um so vergeblicher, je exakter die Wissenschaft." (Weinrich in: Haverkamp 1996, 334).

Entdeckungen und Erfindungen sind ein metaphorischer Prozess. Auch die Fortschritte in der frühen Menschheitsgeschichte waren ein solcher Überschreitungsprozess von Sprache. So entstand der Tisch mit der Idee, dass der Stein oder die Holzplatte, auf der gearbeitet wird, *stehen* kann – was sehr praktisch ist und manche Arbeit erleichtert. Ähnlich ist es mit einem Pfeil, der *fliegt* wie ein Vogel, obwohl er keiner ist. Dass Menschen Feuer *machen* können wie ein Werkzeug aus Stein und dass sie nicht darauf warten müssen, bis es zufällig auftritt, war ein wichtiger Schritt in der Zivilisationsgeschichte. Er machte Menschen weniger abhängig von der Witterung, gab ihnen ein wirksames Verteidigungsmittel an die Hand und eröffnete der Ernährung neue Möglichkeiten. Ähnlich wichtig war die Erkenntnis, dass Wasser *umgeleitet* werden kann, um trockene Felder zu bewässern oder einen Wohnort vor Überschwemmung zu schützen.

Diese verschiedenen Beispiele verweisen auf die Herkunft von Metaphern. Metaphern entstehen dort, wo es ein Problem mit der Wirklichkeit gibt, vor dem die Sprache versagt. Der metaphorische Prozess wird durch etwas angestoßen, das für den weiteren Gang der Dinge entscheidend ist, aber nicht benannt werden kann, weil es die Sprache hierfür noch nicht gibt. Das Problem ist offensichtlich und bedrängend, aber es ist keine Lösung in Sicht. Sie übersteigt die bisher verfügbaren Worte, denn niemand kann sagen, worin die Lösung besteht. Das Phänomen, das sich in dem Problem zeigt, ist noch nicht begriffen, so dass es vielleicht sogar eine Gefahr darstellt. Um das Unbenennbare zu benennen, muss nun die Grenze der Sprache überschritten werden. Eine Sprachschöpfung steht an. Metaphern sind solche Sprachschöpfungen, die aus dem Ungenügen der Sprache heraus entstehen.

1.4.2 „Hindurchgehen durch furchtbares Verstummen" – Sprengmetaphern in der Poesie nach Auschwitz

Zu sagen, dass Metaphern Sprachüberschreitungen sind, ist eine formale Feststellung. Sie bezieht sich auf die Sprach*figur* oder Sprach*form*. Welche Inhalte die konkreten Metaphern haben, was sie besagen und was sie tun, ist damit noch nicht benannt. Diese Inhalte sind so vielfältig wie die Sprache insgesamt. Metaphern können den Krieg anheizen oder dem Frieden dienen; sie können der Liebe das Wort reden oder dem Hass; sie können eine Lebenswelt aufbauen oder einreißen. Manche Metaphern haben spielerischen Charakter, wie der *Ohrwurm* oder der *Spaßvogel*. Andere jedoch sind im wahrsten Sinn des Wortes lebensnotwendig. Sie entstehen in größter Bedrängnis, weil das Leben in Gefahr ist. Hier versuchen sie dem drohenden Tod zu widerstehen, indem sie das benennen, was verschwiegen und unsäglich ist.

Wo die Sprache in der Not des Lebens versagt, sind unerhörte Metaphern gefragt. Aus diesem Grund spielt die Sprachform Metapher in der Poesie nach Auschwitz eine besondere Rolle. Das unfassbare Grauen der Vernichtungslager und ihrer Todesmaschinerien ist nicht in Worte zu fassen. Es kann in der verfügbaren Sprache nicht ausgedrückt werden. Daher ist eine Überschreitung von Sprache notwendig, die im Wort selbst als Überschreitung erkennbar ist. Es braucht Metaphern, die mit einer Leerstelle im Wort dem Unfassbaren Raum geben. In der Zeit nach dem 2. Weltkrieg, als das Grauen zu Tage trat und nicht mehr geleugnet werden konnte, stand auch die Literatur vor den Trümmern, dem Tod und der Verzweiflung des Krieges. In diesen Jahren hat der Philosoph und Soziologe Theodor Adorno die Frage gestellt, ob es nach Auschwitz überhaupt noch möglich sei, Gedichte zu schreiben.[14] Die Frage Adornos war berechtigt. Gehören Gedichte nicht einer anderen, „heileren" Welt an, der Welt der Frühlingsromantik und der Rilke-Gedichte?

Der aus der Bukowina stammende Dichter Paul Celan hat mit seiner „Todesfuge" (geschrieben 1945, veröffentlicht 1952) auf diese Frage indirekt eine Antwort gegeben.

Todesfuge

SCHWARZE Milch der Frühe wir trinken sie abends
wir trinken sie mittags und morgens wir trinken sie nachts
wir trinken und trinken
wir schaufeln ein Grab in den Lüften da liegt man nicht eng
Ein Mann wohnt im Haus der spielt mit den Schlangen der schreibt
der schreibt wenn es dunkelt nach Deutschland dein goldenes Haar
      Margarete
er schreibt es und tritt vor das Haus und es blitzen die Sterne
er pfeift seine Rüden herbei
er pfeift seine Juden hervor läßt schaufeln ein Grab in der Erde
er befiehlt uns spielt auf nun zum Tanz

Schwarze Milch der Frühe wir trinken dich nachts
wir trinken dich morgens und mittags wir trinken dich abends
wir trinken und trinken

Ein Mann wohnt im Haus und spielt mit den Schlangen der schreibt
der schreibt wenn es dunkelt nach Deutschland dein goldenes Haar
    Margarete
Dein aschenes Haar Sulamith wir schaufeln ein Grab in den Lüften
    da liegt man nicht eng

Er ruft stecht tiefer ins Erdreich ihr einen ihr andern singet und spielt
er greift nach dem Eisen im Gurt er schwingts seine Augen sind blau
stecht tiefer die Spaten ihr einen ihr andern spielt weiter zum Tanz auf

Schwarze Milch der Frühe wir trinken dich nachts
wir trinken dich mittags und morgens wir trinken dich abends
wir trinken und trinken
ein Mann wohnt im Haus dein goldenes Haar Margarete
dein aschenes Haar Sulamith er spielt mit den Schlangen

Er ruft spielt süßer den Tod der Tod ist ein Meister aus Deutschland
er ruft streicht dunkler die Geigen dann steigt ihr als Rauch in die Luft
dann habt ihr ein Grab in den Wolken da liegt man nicht eng

Schwarze Milch der Frühe wir trinken dich nachts
wir trinken dich mittags der Tod ist ein Meister aus Deutschland
wir trinken dich abends und morgens wir trinken und trinken
der Tod ist ein Meister aus Deutschland sein Auge ist blau
er trifft dich mit bleierner Kugel er trifft dich genau
ein Mann wohnt im Haus dein goldenes Haar Margarete
er hetzt seine Rüden auf uns er schenkt uns ein Grab in der Luft
er spielt mit den Schlangen und träumet der Tod ist ein Meister aus
    Deutschland
dein goldenes Haar Margarete
dein aschenes Haar Sulamith

(Celan Bd. I, 39-42)

Celans „Todesfuge" führt in eindrücklichen Metaphern vor Augen, wie in den Vernichtungslagern des Nationalsozialismus nicht dem Leben, sondern dem Tod zum Tanz aufgespielt wird. Auschwitz – ein Totentanz entsetzlichster Art: „er befiehlt uns spielt auf nun zum Tanz". Celan verweist auf das hervorragende Orchester in Auschwitz, dessen Existenz nicht nur politisches Kalkül, sondern unmenschlicher Zynismus war. Ein Kennzeichen von Vernichtungslagern besteht darin, dass sich die von Menschen ausgeübte Gewalt in einer Spirale immer weiter beschleunigt. Die Gewalt eines Lagers kann immer noch um eine Spur verschärft werden. Sie kommt nie zum Stillstand und pendelt sich nie auf ein Maß ein, das berechenbar und damit in gewissem Sinn erträglich wäre. Sie steigert sich ins Unendliche.

Um diese Potenzierung von Gewalt und die Atemlosigkeit des permanent drohenden Todes auszudrücken, greift Celan auf die Musikform der Fuge zurück. Nachdem er das Gedicht zunächst mit „Todestango" betitelt hatte, entscheidet er sich dann doch für „Todesfuge", und das aus gutem Grund. Der Tod ist das Thema, das in den Metaphern des Gedichts wiederholt vor Augen geführt und damit immer schneller und atemloser wird. Die Beschleunigung wird sprachlich erzeugt durch Wiederholungen, die in ihren Variationen jeweils eine Verschärfung, eine Zuspitzung erfahren. Dieses Vorgehen entspricht in der Musik der Fuge, einer klar strukturierten Komposition, die ein Thema polyphon zum Klingen bringt. Die Fuge stellt ein Thema in den Mittelpunkt, das mehrmals wiederholt und durch alle Stimmen geführt wird. Dabei ist jede Stimme als eigene Stimme zu hören, die das Thema umkreist und variiert. Zugleich sind die verschiedenen Stimmen kontrapunktisch aufeinander bezogen und kommunizieren miteinander. In die Wiederholungen werden kleine, überraschende Veränderungen eingefügt, die sich im Kontrast der Stimmen nochmals verstärken. Aus dieser doppelten Stimmführung in den einzelnen Stimmen und in ihrem Zusammenklang entsteht ein komplexes Musikgewebe. Die Komposition lebt aus dem Kontrast von Wiederholungen, die punktuell etwas Neues einführen und damit eine Verschiebung des Blicks bewirken. Damit beleuchten sie das, worum es geht, aus unterschiedlichen Blickwinkeln.

Bei Celan ist das Thema der Fuge nicht eine bestimmte Tonfolge, sondern der Tod in seiner grausamsten Form. Der Titel des Gedichtes „Todesfuge" ist eine Metapher, die an den Abgrund des Grauens führt. Sie schreibt der Fuge den Tod ein. In ihren sich überschlagenden Worten tritt das vor Augen, was unsagbar ist. Die Kraft von Celans Gedicht, das vielleicht das berühmteste des 20. Jahrhunderts ist, liegt in seinen Metaphern, die gewohnte Denk- und Wahrnehmungsmuster aufsprengen. Mit der „schwarzen Milch der Frühe" bewegt sich das Gedicht am

Abgrund des Todes. „Schwarze Milch" kommt in der Welt der materiellen Lebensmittel nicht vor. Die Metapher ist ein Oxymoron, das – aus dem Zusammenhang des Gedichtes gelöst – eine Dummheit ist. Es gibt keine schwarze Milch, denn Milch ist weiß. Aber bei Celans schwarzer Milch handelt es sich auch nicht um ein Lebensmittel, sondern um ein Gift. Alles, was den Gefangenen der Vernichtungslager zur Verfügung steht, untersteht der Macht des Todes, der Gewalt und der Ermordung. Selbst die Milch ist schwarz, überzogen von der Asche der Toten, die in „ein Grab in den Lüften" gestoßen wurden.

Auch in der *Todesfuge* kommen verschiedene Stimmen zu Wort. Die erstickende Stimme des „wir", die dazu verurteilt ist, die schwarze Milch zu trinken und zu trinken. Die befehlende Stimme des Mannes, der nicht in der Enge der Lagerbaracken wohnt, sondern im Haus, und der an das goldene Haar Margaretes denkt. Die sterbende Stimme Sulamiths, jener Schönheit aus dem Hohenlied, der alles geraubt wurde und der nur ihr aschenes Haar geblieben ist. Im Kontrast dieser Stimmen meldet sich eine weitere Stimme zu Wort, die erst in der Gesamtkomposition des Gedichtes zu hören ist, weil sie zwischen den Zeilen spricht. Sie bildet den stärksten Kontrapunkt der *Todesfuge*, denn sie ist die Stimme, die der Todesmaschinerie der Vernichtungslager widerspricht. Sie sagt das, was ansonsten verschwiegen wird: dass die *Milch* kein Lebensmittel, sondern dass sie *schwarz* ist; dass die Musik *dem Tod zum Tanz aufspielt* und nicht dem Leben; dass das *Grab in den Lüften* keine Befreiung ist, sondern Mord; dass der Tod kein Zufall, sondern *ein Meister aus Deutschland* ist; und dass das *Haar Sulamiths* nicht einfach ergraut ist, sondern *aschen*.

Celans Sprengmetapher von der „schwarzen Milch" hat eine sprachprägende Kraft, die sich durch die Literaturgeschichte des 20. Jahrhunderts zieht. Ingeborg Bachmann nutzt sie in ihrer Frankfurter Poetik-Vorlesung und spricht von den „leuchtenden dunklen Worten, die eine Reise bis ans Ende der Nacht" hinter sich haben (Bachmann 1993 IV, 215). In der „Todesfuge" verbindet Celan Bilder und Attribute, die sich ansonsten ausschließen. Vielfach gespiegelte, widerhallende, sich überkreuzende Stimmen kommen zu Wort. Grab und Tanz; golden und aschen; Tod und Meister – die Widersprüche lassen einen Schrei zu Wort kommen, der in den Gaskammern erstickt wurde. Sie spannen einen Bogen in das hinein, was unsagbar ist, weil es in den Abgrund des Verstummens geführt hat. Hier wird das benannt, was unsäglich ist. Denn wie Christa Wolf in ihrem Buch „Kindheitsmuster" schreibt: „Wovon man nicht sprechen kann, darüber muß man allmählich zu schweigen aufhören." (Wolf 1985, 167 – 8. Kapitel)

Wenn es aber darum geht, das Unfassbare in Sprache zu fassen und das Unsagbare zu benennen, dann ist die Sprachfigur der Metapher geeignet. Sie hat nämlich nicht nur die Fähigkeit, das bisher nicht Sagbare auszudrücken, sondern auch das, was letztlich nicht sagbar ist und alle Worte übersteigt. Denn gerade weil sie eine „scharfsinnige Dummheit" ist, bildet sie eine Brücke in das Verstummte hinein. Sie markiert in ihrem Selbstwiderspruch, dass sie nicht sagen kann, was sie sagen will. Die Metaphern der „Todesfuge" bilden in ihren merkwürdigen Widersprüchen eine Leerstelle, einen Raum des Schweigens, der das Unerhörte zu Gehör bringt. Damit schreiben sie an gegen das Verstummen und setzen ein Zeichen, das sich der Übermacht des Todes widersetzt.

Verstummen und Zur-Sprache-Kommen sind in Celans Gedicht innerlich miteinander verbunden. Aufgrund dieses Zusammenhangs sagt er später, als ihm 1958 der Literaturpreis der Freien Hansestadt Bremen überreicht wird, dass das Gedichte-Schreiben nicht nur möglich, sondern notwendig ist. Das Gedicht zeigt nach Celan selbst „eine starke Neigung zum Verstummen" (Celan 1986 III, 197); und zugleich schreibt es gegen dieses Verstummen an und leistet ihm Widerstand. Nach dem Krieg sind die Menschen ihrer Heimat beraubt. Ihre Häuser sind zerstört, ihre Städte liegen in Schutt und Asche; die Menschen sind „auf das unheimlichste im Freien" (1986 III, 186). Celan sagt, dass er als Dichter in dieser Situation „mit seinem Dasein zur Sprache geht, wirklichkeitswund und Wirklichkeit suchend." Von der Wirklichkeit entsetzt, droht das Verstummen. „Die Sprache blieb unverloren, ja, trotz allem. Aber sie mußte nun hindurchgehen durch ihre eigenen Antwortlosigkeiten, hindurchgehen durch furchtbares Verstummen, hindurchgehen durch die tausend Finsternisse todbringender Rede. […] In dieser Sprache habe ich, in jenen Jahren und in den Jahren nachher, Gedichte zu schreiben versucht: um zu sprechen, um mich zu orientieren, um zu erkunden, wo ich mich befand und wohin es mit mir wollte, um mir Wirklichkeit zu entwerfen." (1986 III, 185f)

Die Sprache muss „hindurchgehen durch furchtbares Verstummen". Das Verstummen wird ihr eingeschrieben in den Metaphern, mit denen sie das Unbeschreibliche zu Gehör bringt. An dieser Sprache haben nach Auschwitz einige Dichterinnen und Dichter gearbeitet, besonders Paul Celan, Rose Ausländer und Nelly Sachs. Ihre Gedichte haben ungewöhnliche Metaphern, die aufhorchen lassen. Ihnen ist anzumerken, dass sie aus dem Verstummen geboren wurden. So bezeichnet der „Schraubstock der Sehnsucht" von Nelly Sachs die Leerstelle der Sprache, die den Abgrund des Schreckens vor Augen führt. Gerade das Widersprüchliche ihrer Metaphern, das Paradoxe der *schwarzen Milch*, spricht eine Sprache, die sich der Vernichtung des Lebens widersetzt. Die Auseinandersetzung um Leben und Tod, die Menschen an die Nieren geht und die Luft raubt, schlägt sich in Metaphern nieder, die an die Grenze dessen gehen, was begreiflich ist. Ja, sie greifen über dieses Begreifliche hinaus, weil die Grausamkeit von Krieg und Vernichtungslagern unbegreiflich ist. Gedichte zu schreiben, ist hier kein Luxus, sondern eine Lebensnotwendigkeit. Erst die unerhörten Metaphern eröffnen in der Sprache einen Lebensraum, der handlungsfähig macht.

1.4.3 Die Liebe erfindet die Sprache neu

Metaphern entstehen dort, wo sich das Unsagbare zu Wort meldet. Dies ist an den Grenzen des Lebens der Fall, wo Menschen mit dem Tod konfrontiert sind. Doch es gibt nur eine Macht, die fähig ist, dem Tod zu widerstehen: die Liebe zum Leben. So wundert es nicht, dass auch in der Liebe, dieser anderen Grenzerfahrung des Lebens, Metaphern am Werk sind. Die großen Dichterinnen und Dichter der Poesie nach Auschwitz haben auch Gedichte geschrieben, die der Liebe das Wort reden und dem Tod damit beharrlich das Leben abringen. Aber die Sprache der Liebe ist ja beileibe nicht nur eine Angelegenheit derer, die besonders sprachbegabt sind. Die meisten Menschen kommen im Lauf ihres Lebens in die Verlegenheit, sich zu verlieben und diese Tatsache unbedingt benennen zu wollen. Hierbei handelt es sich in der Tat um eine Verlegenheit. Denn die Liebe ist so überwältigend, dass sie sprachlos macht. In dieser Sprachlosigkeit wiederum berühren sich die große Poesie der Dichtung und die kleine Poesie des Alltags. Die Sprachlosigkeit in der Liebe ist eine Erfahrung des Unsagbaren, das „an den Nabelsträngen der Worte reißt" (so Nelly Sachs in ihrem Gedicht „Hinter den Lippen", Sachs 1977, 95) und die Poesie hervorbringt. Sie ist ein privilegierter Ort, wo neue Metaphern entstehen und dazu beitragen, dass Menschen mit und in der Liebe leben können. Und da die Liebe eine alltägliche Erfahrung ist, die jeder und jedem widerfahren kann, ist sie ein gutes Beispiel, um das Entstehen und die Lebensmacht von Metaphern zu erläutern.

Einem Menschen erstmalig eine Liebeserklärung zu machen, in den man sich mit Leib und Seele verliebt hat, ist eine heikle Angelegenheit. Sie versetzt in größte Spannung, denn hier steht das Glücken oder Misslingen von Leben auf dem Spiel. Die Liebe auszusprechen ist etwas ganz anderes, als sie zu verschweigen – selbst wenn beide schon längst um diese Liebe wissen. Sie zur Sprache zu bringen, verändert die Beziehung von Grund auf. Vielleicht wird sie das gesamte Leben beider umkrempeln. Aber es ist nicht leicht, die Liebe zu benennen. Wer eine Liebeserklärung machen will, wird unweigerlich sprachlos. Die Unsicherheit und Verlegenheit, das Stottern und Erröten sind nicht nur bei pubertierenden Jugendlichen eine unvermeidliche Begleiterscheinung. Wo sich die Liebe ereignet, versagt die Sprache. Selbst wenn ich mir vorher genau überlegt habe, was zu sagen ist und wie ich es tun will – wenn ich da stehe und meine Liebe benennen will, dann versagt die Sprache. Der Versuch, die Liebe zu erklären, ist aussichtslos. Denn hier geht es um eine Macht, die so ungeheuerlich und überwältigend ist, dass es einer buchstäblich die Sprache verschlägt. Kein Wort erscheint passend. Keine Geste angemessen. Die alltäglichen Worte versagen, erscheinen zu verschlissen und malträtiert, abgeschliffen und ausgehöhlt. Die Liebe macht sprachlos.

Liebeserklärungen sind mit ambivalenten Gefühlen verbunden. Am liebsten würde man der Situation entfliehen. Aber zugleich schlägt die Liebe in ihren Bann. Sie will ausgesagt werden, damit sie leben und auf neue Weise aufblühen kann. Wird sie verschwiegen, besteht die Gefahr, dass sie austrocknet und verkümmert. Wird sie jedoch benannt, so ist dies mit Risiken verbunden. Vielleicht befürchtet man, sich zu blamieren mit den eigenen Gefühlen. In einer an Rationalität orientierten Gesellschaft ist dies schnell der Fall. Aber mehr noch: Wird die eigene Liebe nicht erwidert, sondern verweigert und zurückgewiesen, dann ist das eine äußerst schmerzliche Erfahrung. Sie kann einen Menschen kränken und krank machen, niederdrücken und eine Wunde beifügen, die ein Leben lang schmerzt. Eine solche Zurückweisung stellt die Person mit dem, was ihr am wichtigsten ist, in Frage. In der Liebeserklärung steht viel auf dem Spiel. Denn es geht um das Leben selbst, das in der ekstatischen, rückhaltlosen Liebe höchste Intensität erlangt. Kein Wunder also, dass es den Menschen hier die Sprache verschlägt.

Aber wenn es jemandem die Sprache verschlägt, heißt dies noch lange nicht, dass er oder sie nichts zu sagen hat. Ganz im Gegenteil. Gerade hier gibt es etwas zu sagen. Nur wo es wirklich notwendig ist, etwas zu sagen, verschlägt es uns die Sprache. Was verstummen lässt, will mit aller Macht benannt werden. Auch bei der Liebeserklärung ist die Sprache herausgefordert, sich selbst zu überschreiten. Ihr Versagen ist die beste Chance, ein eigenes Wort der Liebe zu finden. Die Bedrängnis, in die eine Liebeserklärung führt, kann erfinderisch machen. Das Verstummen führt aus dem Trott der Gewohnheit und der Verschlissenheit von Sprache hinaus. Sie kann nicht leichtfüßig daher kommen. Denn hier wird die Sprache auf die schöpferische Macht hin überschritten, die in ihr verborgen ist. In einer Liebeserklärung gewinnt die Sprache in wenigen Worten ihre Lebensmacht zurück. Wo die Liebe sich ausdrückt im Wort, da erfindet sie die Sprache neu.[15] Und das ist das Bezaubernde an Liebeserklärungen: hier gibt es keine Wiederholung. Mögen die verwendeten Worte auch noch so alt sein und schon unzählige Male gesprochen worden sein – sie erneuern die Sprache, lassen sie aufscheinen in ihrer gegenwärtigen Lebendigkeit. Die Sprache der Liebe lebt ganz im Hier und Jetzt. Sie ist eine Handlung, die Leben eröffnet. Das Schöpferische aber macht die Kraft der Liebeserklärung aus. Sie greift über das Vorhandene hinaus und verwandelt es von Grund auf.

Liebeserklärungen leben in Metaphern. Dies ist allein schon daran zu sehen, dass Liebende sich Kosenamen geben. Sie verwenden vielleicht traditionelle Metaphern, die in ihrer Gegenwärtigkeit jedoch neu sind, weil sie das Leben lebendig machen. Und manchmal fliegen ihnen überraschend neue Metaphern zu, die bisher unbekannt waren. Eine Liebeserklärung verwendet Metaphern, die gerade nicht das Gleiche, sondern das Andere bezeichnen. Denn dasselbe, das leicht mit dem Geliebten vergleichbar ist, kann wegen seiner Vergleichbarkeit den unermesslichen Wert des Geliebten nicht zu Gehör bringen. Mit Hilfe des Namens, den der Mensch von nebenan trägt, kann niemand dem oder der Geliebten die Liebe beteuern. Wenn Hans angesprochen wird mit „Du bist mein Peter!", dann löst diese zweifelhafte Liebeserklärung eher Empörung aus als dass sie die Liebe anfeuert. Eine Liebeserklärung will die Unverwechselbarkeit und Einmaligkeit des Geliebten ausdrücken, das Geheimnis des Lebens, das in der Liebe am Werk ist. Deswegen muss sie etwas ganz anderes zu Hilfe nehmen, das zunächst keine Ähnlichkeit mit ihm aufweist, aber seinen Wert verkörpert. Aus diesem Grund spielt die Sprache der Liebe mit der Welt der Gestirne: der Bogen kann gar nicht weit genug gespannt werden. Der Geliebte ist die Sonne des Lebens, der Fixstern in unsicheren Zeiten, der Morgenstern in finsterer Nacht.

„Du bist mein Morgenstern" – diese Aussage könnte als pure Dummheit verstanden werden. Denn ein Mensch und der Morgenstern haben von ihrer äußeren Erscheinung her nur wenig miteinander zu tun. Zwischen Gestirn und Geliebtem liegen Welten. Der Geliebte ist schließlich kein glühender Steinhaufen, Lichtjahre von der Erde entfernt. Deswegen erscheint es vielleicht als Dummheit, ihn als Stern zu bezeichnen. Aber in der Maßlosigkeit des Raumes, den die Sprache mit ihrer Metapher durchschreitet, kommt der unermessliche Wert des Geliebten zum Ausdruck. Der Anblick des Morgensterns am Ende einer klaren, kalten Januarnacht kann überwältigend schön sein. Dies erzeugt den Scharfsinn einer Metapher, die auf Anhieb zu überzeugen versteht. Ein Bildwort bringt das zum Klingen, was auch viele Worte letztlich nicht sagen können. Der Morgenstern ist die Verheißung eines neuen Tages, der voller Hoffnungen steckt. Er ist ein sanft strahlendes Licht in der Dunkelheit des Lebens.

Die Metapher vom Morgenstern ist eine Liebeserklärung. In einem Wort fließt hier all das zusammen, was die Liebe ausmacht. Sie zaubert früh morgens schon ein Lächeln hervor und lässt das Leben aufblühen. Sie setzt eine Lebensmacht frei, die den Widrigkeiten des Lebens mit

Heiterkeit begegnet. Der Morgenstern erleichtert die Last des Lebens, denn er stellt es unter eine Verheißung, die zum Leben ermächtigt. In der Morgenröte eines neuen Tages scheint die Liebe auf. Aus diesem Grund ist der Geliebte wahrlich ein Morgenstern. Die Metapher hat einen Realitätsgehalt, der die Sprache überschreitet und erneuert. Der Geliebte ist im wahrsten Sinn des Wortes der Morgenstern des Lebens. Denn er hat sogar etwas, das der Stern am Himmel nicht aufweisen kann. Der Morgenstern am Himmel ist nur in einer sternklaren Nacht zu sehen. Der Morgenstern der Liebe leuchtet jedoch auch dort, wo schwarze Wolken aufziehen und das Leben sich verdunkelt. Hier strahlt sein Licht besonders hell, und hier ist es besonders gut zu brauchen. Die Liebe, die sich in der Metapher verkörpert, ist die Hoffnung des Lebens. Und das Liebeswort setzt den Beginn einer neuen Sprache, den Beginn einer neuen Art, auf der Welt zu sein.

2. Den Sprachschatz des Lebens erschließen – die kreative Macht metaphorischer Gottesrede

Metaphern durchziehen die Sprache, geben ihr Aussagekraft und Handlungsrelevanz. Auch für die christliche Rede von Gott sind sie unverzichtbar. Seit der Debatte, die Paul Ricœur und Eberhard Jüngel miteinander geführt haben und die 1974 unter dem Titel „Metapher. Zur Hermeneutik religiöser Sprache" veröffentlicht wurde, ist die Bedeutung der Metapher für die Gottesrede verstärkt ein Thema Systematischer Theologie. Ricœur bringt die Metapherndebatte der Theologie ins Rollen mit seinem Beitrag zur „Stellung und Funktion der Metapher in der biblischen Sprache"[1], Eberhard Jüngel antwortet mit einem „Beitrag zur Hermeneutik einer narrativen Theologie". 1988 erscheint das von J.P. van Noppen herausgegebene Buch „Erinnern, um Neues zu sagen. Die Bedeutung der Metapher für die religiöse Sprache". Mit diesem Buch wird auch der Ansatz von Sallie McFague[2] bekannt, die in den USA eine Vorreiterin der Metaphorischen Theologie ist. Die Festschrift für Dietrich Ritschl (1999) behandelt „Metapher und Wirklichkeit. Die Logik der Bildhaftigkeit im Reden von Gott, Mensch und Natur".[3] Das Buch von Lieven Boeve und Kurt Feyaerts (1999) „Metapher and god talk" beleuchtet auch die pragmatische Bedeutung der Semiotik von Charles Sanders Peirce für die Metapherntheorie. In der Fundamentaltheologie folgt Jürgen Werbick dem Grundsatz „Bilder sind Wege" (1992a)[4] und erschließt zentrale Metaphern der jüdisch-christlichen Tradition für die heutige Gotteslehre. In der Religionspädagogik wird die Metaphorik der Gottesrede vor allem von Hubertus Halbfas diskutiert und hat mittlerweile Eingang in die Religionsbücher gefunden. Naheliegend ist auch die Rezeption der Metapherntheorien in der Homiletik (vgl. Luksch 1998).

„Die Sprache des Glaubens ist durch und durch metaphorisch. Gott ist ein sinnvolles Wort nur im Zusammenhang metaphorischer Rede. Es wird sofort sinnlos, wenn man die connexio verborum nicht metaphorisch verstehen will. Auch der die Metapher vermeidende Satz *Gott ist Gott* sagt gar nichts, wenn nicht zugleich gesagt wird, als was Gott ist. Diese Als-Prädikation vollzieht die theologische Metapher." (Jüngel in: van Noppen 1988, 52) Eberhard Jüngel bringt hier die Verbindung von Metapher und menschlicher Gottesrede auf den Punkt: von Gott sprechen heißt metaphorisch sprechen. Denn die Sprachfigur der Metapher ermöglicht nicht nur das zu benennen, was derzeit noch nicht begreiflich ist, sondern auch das, was in Worten überhaupt nur schwer fassbar ist, weil es ein bleibendes Geheimnis birgt.[5] Gottesmetaphern sind treffend, wenn sie auf dieses Geheimnis hin öffnen und damit das benennen, was sprachlos macht. Sprachlosigkeit und unerhörte Metapher gehören in der Gottesrede zusammen.

Das Geheimnis des Lebens, das sich in Liebe und Tod, Trauer und Verheißung, Verzweiflung und Hoffnung, Angst und Auferstehung offenbart, erhält in Gottesmetaphern Lebensraum. Denn hier meldet sich das Unsagbare zu Wort. An den Grenzen des Lebens, wo die Konfrontation mit dem Tod unausweichlich ist, zeigt sich die Macht der Liebe, die allein dem Tod zu widerstehen vermag. Hier ist das Unfassbare präsent, das alle Worte übersteigt, aber gerade deswegen benannt werden will. Seine Benennung setzt schöpferische Kraft frei. Daher rührt die christliche Gottesrede an die Macht, die im Schöpfungswort liegt: „Gott sprach: *Es werde Licht. Und es wurde Licht.*" (Gen 1,3) Sie ist nicht gegenständlich-fixierend, sondern ein kreativer Sprachprozess. Um die Lebensmacht der Gottesrede zu erschließen, ist es notwendig, ihren metaphorischen Charakter zu begreifen. Im Folgenden werden daher markante Stationen christlicher Gottesrede beleuchtet: zunächst die neutestamentliche Gottesrede, die sich in der Polarität von Reden und Schweigen bewegt; dann die Gottesrede des Mittelalters, die eine Überschreitung in einen neuen Kulturraum vollzieht und damit als metaphorischer Prozess besonders interessant ist; schließlich die heutige Situation der Gottesrede, die von Sprachlosigkeit gezeichnet ist und eine kreative Sprache erfordert, die mit scharfsinnigen Überschreitungen arbeitet.

2.1 „Nun gebricht mir mein Deutsch" – die Sprachlosigkeit in Gottesfragen

Die Rede von Gott entsteht in den Brüchen menschlichen Lebens. Hier werden überraschende Namen Gottes offenbar. Nicht lautstarker Triumph, fraglose Überlegenheit und zügelloses Herrschaftsgelüst sind der Ort, wo sich das Wort Gottes zeigt und in menschlicher Sprache inkarniert, sondern die Not des Lebens, die ohnmächtig macht und verstummen lässt. Das Buch Genesis erzählt von der Erfahrung der ägyptischen Sklavin Hagar, dass Gott auf ihren stummen Schrei hört und ihr Ansehen verleiht. Zweimal wurde sie von Abraham und Sara verstoßen und aus der Gemeinschaft ausgeschlossen, so dass ihr jede Lebensgrundlage entzogen war. Zweimal will kein Mensch etwas von ihr wissen und sie findet niemanden, der ihrer Not ein Ohr leiht. Aber dennoch wird ihr Schrei erhört, als sie muttergottseelenallein in der Wüste ist. Ein Engel bringt die erlösende Botschaft: „denn Jahwe hat auf dich gehört [hat dich erhört] in deinem Leid" (Gen 16,11). Gott wendet sich ihr zu und weist ihr den einzigen Weg, der ihr und ihrem Sohn Ismael das Überleben eröffnet. Auch beim zweiten Mal, als sie ihren Sohn unter einen Strauch gelegt hat, weil sie seinen Tod befürchtet und sein Schreien nicht mehr mit anhören kann, heißt es: „Gott hörte den Knaben schreien" (Gen 21,17). Deswegen gibt die Frau Gott einen neuen Namen: „El-Roi" (Gen 16,13) – Gott sieht, Gott erhört. Hagar, die verstoßene Sklavin, wird so zur ersten Theologin der jüdisch-christlichen Tradition.

Auch dem Propheten Moses zeigt sich Gott nicht in einer Situation überlegener Herrschaft, sondern menschlicher Ohnmacht. Moses hat im Zorn einen Menschen erschlagen. Er muss von dem Ort fliehen, an dem er leben konnte und privilegiert war. Er ist in Schuld verstrickt, als sich ihm am brennenden Dornbusch ein neuer Gottesname offenbart. Und dieser Gottesname wird die Jahrhunderte überdauern: Jahwe, „Ich bin da" (Ex 3,14). Gott ist gerade dort, wo Gott nicht erwartet wird, auch in der Schuld eines Menschen, die ihn zu ersticken droht. Als Moses dann geschickt wird, dem Volk Israel die Befreiung aus dem Land der Knechtschaft zu verkünden, antwortet er: „Aber bitte, Herr, ich bin keiner, der gut reden kann, weder gestern noch vorgestern, noch seitdem du mit deinem Knecht sprichst. Mein Mund und meine Zunge sind nämlich schwerfällig." (Ex 4,10) Die lahme Zunge gehört zur Feuererfahrung der Gottesrede. Am Beginn des Wortes steht das Verstummen.[6]

Dieser Zusammenhang von Gottesrede und Sprachlosigkeit gilt nicht nur für das Erste Testament. Auch die Evangelien und die biblischen Briefe sind vom Verstummen gezeichnet. Jesus geht in die Wüste, als ihm die eigene Berufung in der Taufe die Sprache verschlägt. Seine Jünger bitten ihn, sie das Beten zu lehren, denn ihnen fehlen die Worte. Die Jüngerinnen, die in der Morgenröte des Ostermorgens von der Auferstehung erfahren, verstummen, bevor sie zum Wort finden. Das Markus-Evangelium endet in seiner ersten Fassung sogar mit diesem Verstummen der Osterfrauen.

Die Sprachlosigkeit ist für die Gottesrede signifikant. Sie ist eine Erfahrung, die Menschen in zweitausend Jahren Kirchengeschichte gemacht haben und weiterhin machen. Sie können auf den reichen Sprachschatz der biblischen Tradition zurückgreifen. Dennoch versagt ihnen da, wo sie von Gott sprechen wollen, die Sprache. Der Glaube will aber neu zu Wort kommen, gerade weil die Sprache versagt. Die Formulierungen der Dogmen und Glaubensbekenntnisse sind der beste Beweis für die Notwendigkeit, den tradierten Glauben in einer neuen Sprache zum Ausdruck zu bringen. Dieses „ins Wort bringen" ist ein metaphorischer Prozess. Er ist für die biblische Zeit prägend, aber auch für die nachbiblische. Denn die Zeiten ändern sich und mit ihnen die Sprache. Die Geschichte der christlichen Gottesrede – der „Theo-Logie" im wahrsten Sinn des Wortes – zeigt, dass es immer eine Differenz gibt zwischen der vorgegebenen Rede von Gott und der Herausforderung, die in den spezifischen Problemen einer Zeit liegt. In jeder Gottesrede gibt es die Unsagbarkeit, die sprachlos macht. Dies ist insofern nicht verwunderlich, als es bei der Gottesrede um das Geheimnis des Lebens geht, das Geheimnis bleibt und deswegen immer das Moment des Unsagbaren hat.

Die Sprachlosigkeit wiederum verbindet die Gottesrede mit der Metapher. Denn sie ist die Sprachform, die das Verstummte zu Wort kommen lässt. Sie bringt das zur Sprache, was nicht sagbar ist. Die Metapher eröffnet der Gottesrede die Möglichkeit, Gott zu benennen, indem der Name das Geheimnis als Geheimnis markiert. Gott ist „das unaustrinkbare Licht". Dieser Name verweist auf das Verborgene, das nun als Verborgenes ans Licht tritt. Das Geheimnis wird nicht zerstört, indem es so zu Wort kommt, sondern es wird als Geheimnis benannt. Denn die Metapher ist die Platzhalterin des Unsagbaren. Sie bringt das Geheimnis des Lebens als Unsagbares ins Wort.

Die Suche nach Metaphern, in denen das Geheimnis des Lebens zu Wort kommt, ist das tägliche Brot menschlicher Gottesrede. Besonders beharrlich macht sich die Mystik diesem Geheimnis auf die Spur. „Mystik" ist gerade nicht eine bestimmte Zeit oder eine bestimmte Richtung der Theologie, sondern es ist die Gottesrede, die sich rückhaltlos dem Verstummen und der Sprachlosigkeit stellt. Sie macht sich dem μυστήριον als Geheimnis des Lebens auf die Spur, das zu Wort kommen will, um seine Lebensmacht zu entfalten. Aus diesem Grund verwendet die Mystik viele „alte", traditionelle Metaphern für Gott, aber nur, wenn sie – wie die Liebeserklärung – die Konventionalisierung durchbrechen. Entscheidend ist für sie die Lebensmacht, die im Wortschatz verborgen ist und in der neuen Verwendung zum Klingen kommt. Die christliche Gottesrede lebt in den Metaphern, die über den Abgrund des Verstummens tragen. Denn an den Grenzen des Lebens – in Tod und Vernichtung genauso wie in Liebe und Glück – werden Menschen mit dem Unsagbaren konfrontiert. Es verschlägt ihnen die Sprache, aber nicht, um endgültig zu verstummen, sondern um mit der Sprache zu ringen und ihre eigene Überschreitung zu eröffnen.

Sprachlos werden Menschen überall dort, wo das Gelingen oder Scheitern ihres Lebens auf dem Spiel steht: in Konfrontation mit dem Tod, dem nur die Liebe allein zu widerstehen vermag. In der Konfrontation mit allem, was das Leben verzehrt, es aussaugt und bedroht, zeigt sich – wie die Mystik es ausdrückt – das *„Unsprechliche"*. Es erschüttert das Leben in seinen Grundfesten und reißt es weit über das hinaus, was mit Worten benannt werden kann. Besonders eindrucksvoll hat Mechthild von Magdeburg diese Erfahrung benannt. *„Nu gebristet mir túsches, des latines kan ich nit"* – „Nun gebricht mir mein Deutsch, Latein kann ich nicht", schreibt sie im 2. Buch ihres *„Das fließende Licht der Gottheit"* (Mechthild von Magdeburg 1995, II–3). Hier handelt es sich nicht einfach um ein persönliches Versagen. Mechthild war eine sprachbegabte Frau, die mit Worten kreativ umzugehen verstand. Was sie hier ins Wort bringt, ist vielmehr die Erfahrung, dass die Sprache dem Leben nicht mehr Stand hält, ja dass sie versagt. Auch dies ist ein bemerkenswertes Oxymoron: die Sprache versagt. Aber gerade weil sie unsagbar ist, drängt diese Erfahrung zur Sprache. Die Sprachlosigkeit lähmt und macht handlungsunfähig. Aber wenn die Mystikerin verstummt, versinkt sie im Elend des Lebens, verliert ihre Stimme und Identität. Gelingt es ihr aber, das Verstummte in der Sprache ins Fließen zu bringen, dann wird das Wort Gottes geboren aus ihrem Mund.

Allerdings liegen die lebendigen Metaphern nicht einfach in der Schublade. Sprachbilder zu finden, die das bedrohliche Phänomen wirklich fassen, ist ein kreatives Ereignis, das kein Mensch „machen" kann. Wenn sich am Abgrund des Todes das richtige Wort zeigt, das über den Abgrund führt, ist dieses Wort eine Gabe des Heiligen Geistes, die Frucht bringen will. Der metaphorische Prozess ist daher beides zugleich: *finden* und *erfinden*. Das Wort fällt der Mystik zu, aber ihre Aufgabe ist es, das Wort zu erhören. Weil das Unsagbare ihre Kreativität herausfordert, entwickeln die Mystikerinnen und Mystiker eine erstaunliche Sprachfähigkeit. Sie *arbeiten* dafür, ganz im Sinne des mittelalterlichen Wortes: Sie unterziehen sich der Mühsal und den Geburtswehen des Wortes und lassen sich von dem umtreiben, was auf sie wartet. An ihrer Sprachfähigkeit entscheidet sich, ob sie vor dem Geheimnis ihres Lebens bestehen oder an ihm ersticken werden. Aufgerüttelt von der Bedrohung des Lebens, stehen sie zunächst fassungslos vor dem Unfassbaren. Die bisherige Sprache stellt kein Wort zur Verfügung für das „*Unsprechliche*", das doch benannt werden muss, wenn die Bedrohung nicht überhand nehmen soll. Das Unsagbare macht sprachlos. Erstarrt steht die Mystik vor dem Unsagbaren. Der Atem stockt, die Orientierung geht verloren, sinnvolles Handeln wird unmöglich.

Die Mystik greift über den bisherigen Sprachraum hinaus, damit die versagende Sprache wieder zu Wort kommt. Im Augenblick der Erleuchtung fließen Wort und Ding plötzlich zusammen, das Unbekannte zeigt seinen Namen. Die Sprache überschreitet sich selbst und bietet der Lauschenden das Wort, das aus dem Verstummen erlöst. Die neue Metapher tritt ihr vor Augen. Sie legt das an den Tag, was zuvor verborgen und höchst verunsichernd war. In der Metapher wird das Verstummte und Verschwiegene klar und deutlich sichtbar. Dies ist nicht einfach eine Leistung des Subjekts, sondern es offenbart die Kraft von

Sprache zur eigenen Erneuerung. Deswegen spricht die Mystikerin von einer göttlichen Eingebung. Sie findet etwas, das schon da ist, bevor sie es ausspricht. Das erlösende Wort stammt nicht aus ihr. Es spricht sich selbst, es drängt sich geradezu auf und reißt sie mit. Denn es hat seine Herkunft aus Gott, dem lebenden Wort.

Die Metaphern der Mystik bringen das Unerhörte zu Gehör und rücken das Unsichtbare in den Blick. In ihnen gewinnt die Wahrnehmung visionäre Durchsicht und Klarheit. Wenn Mechthild von Magdeburg in einer äußerst schwierigen Situation, in der viele mit Resignation reagieren, von der „Sangmeisterin Hoffnung" (Mechthild von Magdeburg 1995, VII, 36) spricht, dann ist klar, auf wen es in dieser Situation zu hören gilt und wer hier den Ton angeben will. Die Hoffnung ist eine Sangmeisterin, die das Leben auch in düsteren Zeiten zum Klingen bringt. Mechthild schickt mit ihrer Metapher auf die Suche nach Zeichen der Hoffnung, die sich vielleicht erst leise, aber dennoch hörbar zu Wort melden. Wer solche Zeichen der Hoffnung aufweist, ist in der Lage, um sich greifende Resignation zu durchbrechen. Gottesmetaphern zeigen somit neue, überraschende Handlungsmöglichkeiten auf und rufen eine neue Sprache ins Leben. In der lebendigen Metapher verkörpert sich die befreiende Macht, die Sprache gerade in sprachloser Ohnmacht erlangen kann. Sie gibt die Möglichkeit, das im Wort zu fassen, was mit Händen nicht zu greifen ist. Metaphern bringen das Unsagbare zu Gehör, machen es fühlbar und greifbar. Sie tun das, was das Sprachbild vom „in Sprache fassen" aussagt – sie *fassen* in Sprache, was ansonsten unfassbar ist. Wer aber das Unfassbare in Sprache zu fassen bekommt, kann seine schöpferische Kraft zum Leben nutzen, ohne es zu missbrauchen. Denn das Unsagbare erschließt sich als Geheimnis des Lebens, das im richtigen Wort zu fließen beginnt.

2.2 Beredtes Schweigen und verschwiegenes Sprechen im Neuen Testament

Am Beginn der Erkenntnis, dass christliche Gottesrede metaphorisch ist, stehen die Metaphern der Bibel. Wie kommt die Sprachlosigkeit ins Wort? Auf diese Frage gibt das biblische Vaterunser eine Antwort, indem es die Not des Lebens zu beten lehrt. Die Erzählungen vom Leeren Grab in den Evangelien markieren einen Wendepunkt, weil die Frauen am Ostermorgen mit dem Wort konfrontiert werden, das den Anfang einer neuen Sprache setzt. Die neutestamentliche Gottesrede, die sich in der Polarität von Reden und Schweigen bewegt, legt den Grundstein für die weitere Sprachentwicklung der christlichen Theologie.

2.2.1 Die Not des Lebens beten: „Vater unser im Himmel"

Die christliche Tradition der Gottesrede ist von einer Leitmetapher geprägt: Gott ist unser Vater im Himmel. Diese christliche Metapher greift auf die jüdische Tradition zurück, die die Gottesmetapher *Vater* bereits verwendet (vgl. Strotmann 1991), auch wenn sie diese nicht zur Leitmetapher macht. Dass Gott in der Not des Lebens als *Vater* angerufen wird, findet sich im Buch Jesus Sirach 51,10. Ein Mensch ist hier in größter Bedrängnis. Die „Pfeile der falschen Zunge" verwunden ihn, und das Leben scheint „den Tiefen der Unterwelt" geweiht. Daraufhin schreit der Mensch zu Gott: „So erhob ich von der Erde meine Stimme, ich schrie von den Toren der Unterwelt her. Ich rief: Herr, mein Vater bist du, mein Gott, mein rettender Held. Verlass mich nicht am Tag der Not, am Tag der Vernichtung und Verwüstung! […] Da hörte der Herr meine Stimme und achtete auf mein Flehen." (Sir 51,9–11) Die Anrufung Gottes als Vater besagt: Gott erhört zum Leben.

Diese jüdische Tradition wird in der christlichen fortgeführt und überschritten. Die Vater-Metapher wird herausgehoben und in den Mittelpunkt der Gottesrede gerückt. Ihre überzeugende Kraft gewinnt sie sowohl durch Jesu Anrede Gottes als Vater als auch vor allem durch das „Vaterunser", das im Neuen Testament in den Evangelien nach Matthäus (in Kapitel 6,9–13) sowie nach Lukas (in Kapitel 11,1–4) überliefert ist. Dieses Gebet entwickelt sich zum christlichen Grundgebet schlechthin. Der Evangelist Lukas erzählt, dass ein Jünger bittet: „Lehre uns beten." Er wendet sich mit seiner Bitte an Jesus, der weiß, wie es Menschen zumute ist in der Not ihres Lebens und der die Gefahr der Bitternis des Herzens kennt, die das Leben vergällt. „In den Tagen seines Erdenlebens hat er [Jesus] unter lautem Aufschrei und unter Tränen Bitten und Flehrufe vor den gebracht, der ihn vor dem Tode bewahren konnte." (Hebr 5,7) Als er nun gebeten wird, das Beten zu lehren, spricht Jesus ein schlichtes, aber zutiefst eindrückliches Gebet. Es zeichnet sich dadurch aus, dass es die Not des Lebens vor Gott zu Gehör bringt. Da wird die Bitte um den Anbruch des Gottesreiches ausgesprochen, das von Gerechtigkeit und Barmherzigkeit bestimmt ist und deswegen Frieden bringt. Es wird gebeten und gebetet um das tägliche Brot, das Menschen zum Leben brauchen – was auch immer das *tägliche Brot* sein mag, dieses Lebensmittel des Körpers und der Seele. Gib uns das, was wir wirklich brauchen. Das Vaterunser erinnert an die eigene Schuld und die Notwendigkeit der Vergebung auch untereinander. Vergebung pflanzt sich fort. Sie hat eine Kraft, die immer größer wird, je mehr sie gibt.

Mit dem „Vaterunser" gibt Jesus seinen Jüngerinnen und Jüngern eine Sprache an die Hand, die ihnen in der Not des Lebens wegweisend ist. Es befähigt sie, bedrängende Sorgen zu benennen. In schlichten Worten bringen Menschen hier die Not ihres Lebens so vor Gott, dass sich die Not zum Segen wandelt (vgl. Rahner 1992). Denn wer Gott die eigene Schuld eingesteht und um Vergebung bittet, wird fähig, selbst Vergebung zu üben. Dies wiederum ist ein Segen, der dem Leben seine Last zu nehmen versteht. Wer um das alltägliche Brot bittet, richtet den Blick auf die vielleicht unscheinbaren Dinge, die nicht selbstverständlich sind, im Laufe eines Tages aber geschenkt werden. Die eigenen Kräfte werden freigesetzt und auf das Notwendige hin konzentriert. Versuchungen treten vor Augen, mit denen das Goldene Kalb das Glück des Lebens vorgaukelt, die aber letztlich in den Abgrund des Todes führen: „Rette uns vor dem Bösen".

Das „Vaterunser" macht Menschen in der Not ihres Lebens sprachfähig. Hierin liegt seine Lebensmacht, wegen der es sich zum Grundgebet des Christentums entwickeln konnte. Es ist ein Gebet des Alltags, das zu sprechen beginnt, wo das Leben in Bedrängnis gerät. Es kann sogar von Menschen gebetet werden, die einer anderen Religion angehören. Zugleich erschließt dieses Gebet den metaphorischen Gehalt der Vater-Metapher im Christentum. In dieser Metapher wird das Gebet Jesu in einem Wort zusammengefasst. Gott als Vater anzurufen heißt, das Vaterunser zu sprechen. In der Anrede „abba" verkörpern sich die Bitten, die Menschen in der Not ihres Lebens vor Gott bringen. Hier wird nicht ein unbarmherziger, strenger Vater vor Augen geführt, der die Kinder in ihrer Bedrängnis belässt. Jesus spricht in seinem Gebet von „abba" – ein Wort, das kaum ins Deutsche zu übersetzen ist. „Väterchen" kommt dem sehr nahe, aber das Diminutiv führt zur falschen Konnotation eines Vaters, zu dem man zwar freundlich ist, der aber nichts zu sagen hat. „Abba" bezeichnet eine familiäre, innige Verbundenheit von Gott und Mensch im Reich Gottes. Gott *Vater* wird in der Not angerufen, die Menschen bedrängt und zu ersticken droht. Wo die Not des Lebens verstummen lässt, bringt die Metapher sie ins Wort, um sie zum Segen zu wandeln.

Vom Gebet Jesu und seiner Rede vom *Abba* ausgehend, wurde in der christlichen Theologie die Rede von Gott konzipiert. Sie ist eine Metapher und hat etwas von einer „scharfsinnigen Dummheit". Aber sie hat sich als Leitmetapher durchgesetzt, weil ihr Scharfsinn bestechend ist. Christinnen und Christen ist sie so vertraut, dass sie das Befremdliche der Metapher oft gar nicht mehr sehen. Aber aus der Sicht derer, denen das Vater-Bild nicht selbstverständlich ist, gibt es verschiedene Einwände. Wird Gott der allmächtige Schöpfer hier nicht zu nah an den Menschen heran gerückt? Dies ist eine Ungeheuerlichkeit für diejenigen, die Gott ausschließlich als den ganz Anderen, den fernen Schöpfer und souveränen Weltenlenker begreifen. Ist die Vaterschaft Gottes in biologischem Sinn gemeint wie in zahlreichen griechischen Mythen? Dies würde den Unterschied zwischen dem Christentum als Religion der Menschwerdung und der Mythologie mit ihrem deterministischen Weltbild verwischen. Soll hier gesagt werden, dass Gott ein biologisches Geschlecht hat und männlich ist, so dass die Trinität einer Verherrlichung des Männlichen dient? Dann wäre dem Christentum unauslöschlich das Siegel des Patriarchats eingeschrieben. Wenn diese Einwände ernst genommen werden, tragen sie dazu bei, die Aussagekraft der Metaphern deutlicher zu fassen und ihren Scharfsinn zu begreifen.[7] Die Pluralität der Metaphern dient dazu, aus verschiedenen Perspektiven die Einheit Gottes zu thematisieren. Die Trinitätslehre ist undenkbar ohne den Traktat „De Deo Uno", der von der Einheit Gottes handelt.

Die menschliche Benennung Gottes ist geschichtlich und damit situativ. Die allgemeine Metapherntheorie trägt dazu bei, dieses Situative besser zu begreifen. Sie zeigt die Notwendigkeit der Unterscheidung, was eine Metapher sagen will und was nicht. Ein landwirtschaftliches Werkzeug *Heugabel* zu nennen, heißt nicht, dass diese Gabel für den Esstisch brauchbar sei. Eine Metapher überschreitet das vorhandene Zeichensystem der Sprache und bringt ein *neues* Zeichen hervor. Sie bezeichnet etwas Anderes und nicht Dasselbe wie das Zeichen, an das sie anknüpft. Bei der Vater-Rede Jesu geht es darum, dass Menschen in der Not ihres Lebens zu Wort kommen. Dass Gott *Vater* genannt wird, heißt nicht, dass „er" ein biologisches, männliches Geschlecht hat. Dies würde eine Körperlichkeit Gottes behaupten, die der christlichen Tradition widerspricht. Das Christentum erwartet auch bei Weltraumflügen keinen alten Mann mit weißem Bart.[8] Aber dennoch ist Gott der *Vater im Himmel*. Denn Gott sorgt sich um die Not der Menschen und lässt sie in ihrer Not nicht verstummen.

Ein weiterer Hinweis darauf, dass das Vatersein Gottes nicht biologistisch zu verstehen ist, ist die parallele Verwendung der Metapher von Gott als *Mutter*. Auch wenn die Vater-Metapher in der christlichen Tradition dominiert, so gibt es die *Mutter*-Metapher hier genauso wie in der jüdischen Tradition. Im Ersten Testament kommt Gott als *Gebärende*, als *stillende Mutter* und *Geburtshelferin* (Jes 42,14; Ps 22,10–12; Hos 11,1–4; vgl. Mollenkott 1990) ins Wort. Im Neuen Testament ist Gott die Frau, die die verlorene Drachme sucht (Lk 15,8–10). In der Kirchengeschichte sprechen vor allem die Mystikerinnen in weiblichen Metaphern von und mit Gott: Hildegard von Bingen bringt sie als *Frau Weisheit* zur Sprache; Gertrud von Helfta, Mechthild von Hackeborn und Julian of Norwich sprechen von ihr als *Mutter*. Die Schriften Gertruds der Großen zeigen, dass Gott im Kloster Helfta damals angerufen wurde als „O Gott, der Du uns Vater und Mutter bist." (Gertrud von Helfta 1989, 37; Buch II, 16)

Weil sich die Kirche zu Gott als *die Quelle allen Lebens* bekennt, ist die Metapher von Gott als Mutter naheliegend. Sie hat sich jedoch nicht als zentrale Metapher durchgesetzt, obwohl sie durchaus verwendet wurde und immer wieder aus dem Vergessen hervor trat. Dass es im christlichen Kontext Vorbehalte gegenüber der Gottesmetapher „Mutter" gab, hat verschiedene Gründe. Heute nehmen viele Christinnen und Christen an, dass Gott nicht zugleich *Vater* und *Mutter* sein kann.

Das Vaterunser zeigt jedoch, dass es in der Abba-Rede Jesu nicht auf die Männlichkeit Gottes ankommt, die weder Jesus noch seine Jüngerinnen und Jünger betonen. Nirgendwo gibt es die Aussage „Gott ist ein Mann". Deswegen stellt sich die Frage, ob die Verwendung der Gottesmetapher *Vater* weibliche Gottesmetaphern prinzipiell ausschließt.

Gott als *Vater* zu benennen, ist ein metaphorischer Prozess. Weil dieser Prozess eine Sprachüberschreitung vollzieht und ein neues Zeichen hervorbringt, ist es wichtig zu wissen, worin genau die Differenz der Zeichen – hier des menschlichen Vaters und des Vaters im Himmel – besteht. Im Vaterunser bezeichnet *Vater* die liebende Beziehung zwischen Gott und Mensch sowie die geschwisterliche Beziehung der Menschen untereinander. Sie bringt Not und Bedrängnis vor Gott ins Wort und überwindet damit das Verstummen des Lebens. Sie besagt nicht, dass Gott im biologischen Sinn Vater ist. Wer aufgrund der Gottesmetapher *Vater* bestreitet, dass Gott als Mutter angesprochen werden kann, verkennt den metaphorischen Charakter der Gottesrede. Im Christentum kann Gott als *Vater* und *Mutter* benannt werden. Beide Metaphern sind sogar füreinander hilfreich, weil sie das biologistische Missverständnis verhindern, dass Gott ein Mann sei, der in den Himmeln thront. Die Metaphern brechen sich gegenseitig auf und bringen einander zum Sprechen. Denn auch die Mutter-Metapher hat ihre Tücken. Sie ist nicht zu verwechseln mit den Fruchtbarkeitskulten, die schon im Ersten Testament zu mancher Polemik geführt haben (vgl. Zenger 1991). Daher braucht die Mutter- zugleich die Vater-Metapher.

Gott als *Vater und Mutter* anzusprechen, hat etwas Befremdliches. Aber dieses Befremdliche gehört unvermeidlich zur Gottesrede. Denn indem beide Metaphern verwendet werden, verweist die Sprache darauf, dass Gott die menschliche Sprache übersteigt. Hier entsteht ein Oxymoron, in dem der Widerspruch zweier Worte auf das verweist, was nicht sagbar ist. Im Christentum gibt es außer „Gott – Vater und Mutter" ein weiteres Oxymoron, das allerdings selbstverständlich verwendet wird. Christus wird als *guter Hirte* bezeichnet, ist aber zugleich *das unschuldige Lamm*, das zur Schlachtbank geführt wird. Gottesmetaphern sind Überschreitungen. Sie verweisen Menschen auf die Grenzen dessen, was zu sagen sie in der Lage sind.

2.2.2 Drei Frauen am Ostermorgen und ihr beredtes Schweigen

In Gottesmetaphern geht es darum, das Unsagbare im Geheimnis des Lebens zu benennen. Dieses Geheimnis offenbart sich nicht in einem irdischen Paradies, sondern an den Grenzen des Lebens, wo Menschen mit Gewalt, Schmerz und Tod konfrontiert werden. Hier droht das Leben zu zerbrechen, und die Sprache versagt. Die Not des Lebens, das Versagen der Sprache und die Hoffnung auf ein neues, erlösendes Wort hängen in der Rede von Gott zusammen. Dieser Zusammenhang zeigt sich in der christlichen Tradition an einem Ort besonders: am Grab Jesu. Im Folgenden wird dieser Ort der Sprachlosigkeit in den Blick genommen, weil er für den metaphorischen Prozess christlicher Gottesrede signifikant ist. Er eröffnet den Weg einer neuen Sprache.

Wo der Tod ins Leben greift, verschlägt es Menschen die Sprache. Dies ist auch beim grausamen Tod Jesu am Kreuz der Fall. In abgrundtiefer Angst sind die Jünger davongelaufen, haben Jesus verraten und verleugnet. Aber drei Frauen stellen sich der Grausamkeit der Hinrichtung. Der Evangelist Markus nennt Maria aus Magdala, Maria, die Mutter des Jakobus, sowie Salome (Mk 15,40f). Als Zeuginnen der Folter und des Mordes werden sie selbst an die Grenze dessen getrieben, was erträglich ist. Es geht auch ihnen ans Leben, denn mit Jesus werden ihre Hoffnung und ihr Lebensmut gekreuzigt. All das, was ihr Leben in den letzten Jahren zum Aufblühen brachte, ist nun in Gefahr. Aber dennoch weichen die Frauen dem Tod nicht aus. Sie bezeugen ihn mit Leib und Leben. Sie bleiben auch dabei, als der Leichnam Jesu in ein Felsengrab gelegt und dessen Eingang mit einem schweren Rollstein verschlossen wird (Mk 15,47). Am dritten Tag nach der Kreuzigung stellen sie sich sogar erneut seinem Tod. Sie wollen den geschundenen Körper salben, der unauslöschlich von der erlittenen Gewalt gezeichnet ist. Auf dem Weg zum Grab stellen sie sich die Frage: „Wer wird uns den Stein vom Eingang des Grabes wegwälzen?"[9] Der Rollstein, der den Toten von den Lebenden trennt, ist groß und schwer. Er verschließt Jesus vor den Lebenden und lastet ihnen mit Angst und Trauer auf der Seele. Am Grab aber erwartet sie eine Überraschung: „Doch als sie hinblickten, sahen sie, dass der Stein schon weggewälzt war; er war sehr groß." (Mk 16,4)

Wenn das Leben auf Messers Schneide steht, werden Menschen sprachlos. Das Reden fällt schwer. Besonders schwierig ist es hier, von Gott zu sprechen – besonders schwierig, aber auch besonders notwendig. Denn Gott verkörpert die Macht, die in Konfrontation mit dem Tod neues Leben eröffnet. Aber wie erleben dies die Frauen am Grab? Und wie können sie diese Lebensmacht so zur Sprache bringen, dass sie tatsächlich Leben eröffnet? Das Markus-Evangelium zeigt, dass den Frauen am Grab die Rede von Gott nicht leicht über die Lippen kommt. Die Macht des Todes verschließt ihnen vielmehr die Lippen. Aber dennoch muss vom Geheimnis des Lebens gesprochen werden, das sich an der Schwelle zum Tod offenbart. Aus diesem Grund ist ein Sprechen erforderlich, das dem Schweigen Raum gibt. Das Markus-Evangelium betont dieses Schweigen und macht es zum Strukturprinzip seiner Gottesrede. Dies zeigt sich an diesem unscheinbaren Satz: „Doch als sie hinblickten, sahen sie, dass der Stein schon weggewälzt war; er war sehr groß." Es wird hier nicht gesagt, wer den Stein vom Grab weggewälzt hat. Das Subjekt der Handlung, um die sich alles dreht, wird nicht beim Namen genannt. Das vom Verfasser verwendete Passiv schweigt sich über das handelnde Subjekt aus. Aber gerade mit seinem Schweigen ist es beredt. Denn der Evangelist greift hier auf eine Sprachform zurück, die es ermöglicht, von Gott zu sprechen, indem der Name Gottes gerade nicht benannt wird: das *passivum divinum*. Die Passiv-Formulierung ‚der Stein war weggewälzt' richtet den Blick zunächst auf das, was sich am Ort des Todes überraschend und überwältigend ereignet. Die Frage nach dem „wer" wird verschoben auf die Frage, was denn hier geschieht. Das Ereignis steht im Mittelpunkt, das den Tod zum Leben wendet. Aber gerade dieses Ereignis stellt die Frage, welche Macht hier am Werk ist. Diese Frage wird sehr vorsichtig behandelt, denn sie erfordert alle Aufmerksamkeit.

Indem das handelnde Subjekt verschwiegen wird, erhält es die Möglichkeit, zu Wort zu kommen. Die Frage nach Gott wird mit dem Osterereignis neu gestellt. Und diese Frage, die die Gottesrede aufbricht, beginnt mit dem beredten Schweigen über Gott. Dieses Schweigen gibt dem Geheimnis Raum, das auf dem Weg vom Tod zum Leben am Werk ist. Im *passivum divinum* wird die Auferstehung als Geheimnis markiert, aus dem Menschen kein Kapital schlagen können. Gott offenbart sich in der heilvollen Tat, die sich am Grab ereignet. Ihre Lebensmacht setzt an, wo Menschen ohnmächtig verstummen und in den Tod getrieben werden. Aus diesem Grund ist das Schweigen des *passivum divinum* beredt. Die Frauen am Grab stellen sich dem Zerbrechen der Sprache und werden gerade deswegen geistesgegenwärtig. Denn nicht nur der Stein ist umgewälzt in dieser Nacht. Vielmehr schlägt das Leben selbst eine neue Richtung ein. Die Gottesrede des Markus-Evangeliums setzt am Ende seiner Erzählung eine Leerstelle, die auf das Unsagbare verweist und gerade damit neuen Lebensraum eröffnet. Das klassische *passivum divinum* bietet ihm hierzu eine gute Möglichkeit. Es ist eine unscheinbare Sprachform der Bibel, die auf das beredte Schweigen in der Gottesrede hinweist.[10] Sein beredtes Schweigen eröffnet einen Sprachraum, in dem die Stimme des Lebens am Ort des Todes zu Wort kommt. Die Ordnung der Dinge wird in der Auferstehung von Todesgewalt zur Lebensmacht hin gewendet. Die Frauen kommen dem Geheimnis des Lebens auf die Spur an einem Ort, wo sie nur die Macht des Todes zu erwarten hatten. Dies macht sie sprachlos. Plötzlich stehen sie in der Morgenröte eines neuen Tages, der den Anbruch einer neuen Zeit markiert.

Nun könnte man einwenden, dass dieses Schweigen nur den Moment umfasst, als die Frauen zum Grab kommen und von der Auferstehung noch nichts erfahren haben. Aber das Schweigen in der Gottesrede durchzieht das gesamte Markus-Evangelium und prägt auch seinen Abschluss. Das Kennzeichen des Markus-Evangeliums ist das sogenannte Messiasgeheimnis (vgl. Wrede 1997; Robinson 1989). Jesus trägt denjenigen, die er gerade wundersam geheilt hat, auf, über diese Tat und ihren Urheber zu schweigen: „Erzähl niemand etwas davon" (Mk 1,44). Aber einige der Geheilten öffnen prompt ihren Mund und reden. Der von Aussatz Geheilte „ging weg und erzählte bei jeder Gelegenheit, was geschehen war" (Mk 1,45). Er kann nicht verschweigen, was ihm das Herz füllt und auf der Zunge brennt. Das Schweigegebot wird auch nach dem Messiasbekenntnis des Petrus ausgesprochen (Mk 8,29) sowie nach der Verklärung Jesu (Mk 9,7). Auch das Unverständnis der Jünger, das nach Wundern und Gleichnissen Jesu zum Ausdruck kommt, zeigt den Geheimnischarakter der Botschaft, um die es dem Evangelium geht. Reden und Schweigen gehören zusammen und überschreiten sich gegenseitig. Das Geheimnis, von dem im Evangelium die Rede ist, kann nur in beredtem Schweigen zu Wort kommen sowie in einem Reden, das vom Schweigen gezeichnet ist. Am Ende des Evangeliums wird dieses Geheimnis zu seinem Höhepunkt geführt. Die Frauen am Grab haben den toten Jesus gesucht. Aber sie finden nicht den Toten, sondern werden stattdessen auf den auferstandenen Christus verwiesen. Der Tod ist in Christus zum Leben gewendet. Ein Bote Gottes in weißem Gewand spricht die Frauen an: „Erschreckt nicht! Ihr sucht Jesus von Nazaret, den Gekreuzigten. Er ist auferstanden; er ist nicht hier." (Mk 16,6) Jesus ist nicht mehr am Ort des Todes. Das Grab ist leer.

Nach dem Empfang dieser Botschaft werden die Frauen vom Engel berufen, die Osterbotschaft auch den anderen zu verkünden, die vor der Todesnachricht ohnmächtig verstummt sind: „Nun aber geht und sagt seinen Jüngern, vor allem Petrus: er geht euch voraus nach Galiläa; dort werdet ihr ihn sehen, wie er es euch gesagt hat." (Mk 16,7) Diese Antwort ist genauso erstaunlich wie die Botschaft von der Auferstehung. Denn im Normalfall produziert erlittene Gewalt neue Gewalt. Es wäre nicht verwunderlich, wenn am Grab eine ganz andere Botschaft zu hören wäre: Christus ist auferstanden, und nun nimmt er Rache an all denen, die ihn in den Tod getrieben haben. Und zugleich erhöht er diejenigen, die ihm in Leben und Tod die Treue gehalten haben – allen voran die Frauen am Grab. Sie werden mit allen Mitteln der Herrschaft denen gegenüber ausgestattet, die sich gegen Jesus gewendet haben. Aber am Ostermorgen ist das Gegenteil der Fall. Hier erfolgt keine Potenzierung der Gewalt, sondern die Gewaltspirale wird durchbrochen. Der Engel verkündet nicht den Tod der Gegner. Er verlangt keine Rache. Vielmehr spricht er von dem Leben, das aus dem Tod auferstanden ist und das allem Leben neue Hoffnung schenkt: „Ihr werdet ihn sehen". Der Engel am Grab redet nicht der Gewalt das Wort, sondern dem Leben. Er stattet die Frauen nicht mit einer Machtposition aus, die andere mundtot macht und ohnmächtig verstummen lässt. Sondern er beauftragt sie, von der Auferstehung zu erzählen und Zeichen der Hoffnung zu setzen, die das verstummte Leben aufblühen lassen.

Auf dieses Rede-Gebot reagieren die Frauen dann aber genauso merkwürdig wie die von Jesus Geheilten auf sein Schweige-Gebot. Jene hatten geredet, als ihnen zu schweigen aufgetragen war. Diese wiederum schweigen, als ihnen das Reden aufgetragen wird. „Da verließen sie das Grab und flohen; denn Schrecken und Entsetzen hatte sie gepackt. Und sie sagten niemandem etwas davon; denn sie fürchteten sich." (Mk 16,8) Mit diesen Worten endet das Markus-Evangelium. In der Bibel sind weitere Erscheinungserzählungen angefügt, die jedoch nicht von Markus, sondern aus späterer Zeit stammen; sie stellen eine Übereinstimmung mit den anderen Evangelien heraus. Aber zunächst endet das Markus-Evangelium mit dem Schweigen der Frauen, denen nicht nur der Tod Jesu, sondern auch das aus dem Tod erwachte Leben die Sprache verschlägt.

Dieses Ende des Markus-Evangeliums ist frappierend. Da schreibt jemand aus Gründen der Evangelisierung ein ganzes Buch, erzählt beredt über Leben und Sterben Jesu und gründet damit sogar eine eigene Literaturgattung, und dann endet selbiges Evangelium mit dem Schweigen. Kein lauter Triumph, kein Siegesgeschrei. Überhaupt nichts Triumphalistisches ist hier zu hören. Aber das Schweigen, in das die Frauen fallen, als sie die Botschaft von der Auferstehung hören, ist etwas anderes als das Verstummen, das die Ohnmacht des Kreuzestodes drei Tage zuvor mit sich gebracht hatte. Beides hängt zusammen und muss zugleich unterschieden werden. Denn das Schweigen der Frauen aufgrund der Osterbotschaft ist die Antwort auf ein Sprachproblem, das die Verkündigung der Osterbotschaft mit sich bringt. Die Auferstehung stellt die Zeuginnen am Grab und mit ihnen alle Jüngerinnen und Jünger vor ein Problem. In der Auferstehung ist eine Macht am Werk, die eine unerhörte Energie freisetzt und die Menschen in der Schwachheit ihrer Kräfte überfordert. Diese Macht bringt Steine ins Rollen und überschreitet die todsichere Grenze von Leben und Tod. Sie bringt Dinge in Bewegung, die zuvor als unverrückbar und felsenfest galten. Die Auferstehung Jesu setzt etwas in Gang und bringt Erstarrtes ins Fließen. Dies ist auf der einen Seite faszinierend. Eine solche Macht in Händen zu halten, ist anziehend und verlockend. Sie stellt aber zugleich eine Versuchung dar, die zutiefst erschrecken lässt. Denn Menschen können diese Macht absichtlich oder auch ‚gutgläubig' missbrauchen, um ihre eigenen Interessen im Namen Gottes durchzusetzen. Die Gottesrede kann dazu gebraucht werden, um über andere Menschen Herrschaft auszuüben und ihnen Gewalt anzutun. Im Dienst einer

Macht zu stehen, die alle menschlichen Kräfte übersteigt, ist ungeheuer faszinierend, aber auch gefährlich. Dies ruft einen Schrecken hervor, der den Frauen in die Glieder fährt. Ihnen wurde am Grab die Lebensmacht Gottes offenbar, aber dieser Macht ist kein Mensch gewachsen. Die Frauen weichen zurück von diesem Ort, wo sich das Allerheiligste ihres Lebens gezeigt hat. Schrecken und Entsetzen haben sie gepackt. Sie sind geradezu ekstatisch erfüllt von dem, was sie erfahren haben – ἔκστασις, Ekstase heißt das Wort im Griechischen, das an dieser Stelle der Bibel im Deutschen meist mit Schrecken übersetzt wird. Aber gerade wegen dieses Ekstatischen, das sie überwältigt, erzählen sie niemandem etwas davon. Ihnen fehlen schlichtweg die Worte.

Das Schweigen der Frauen am Ostermorgen steht am Beginn der christlichen Verkündigung. Ehrfurcht und Erschrecken, Ekstase und Zurückweichen zeigen, dass die Frauen die tiefgreifende Bedeutung dessen begriffen haben, was sich im Grab ereignet. Die Auferstehung Jesu aus dem Tod eröffnet ihnen die eigene Auferstehung mitten im Leben. In der Nacht ihrer Finsternis ist ihnen ein Licht aufgegangen. Sie stehen an einem Wendepunkt der Geschichte, am Beginn einer neuen Zeitrechnung. Aber noch fehlt ihnen die Sprache, die dieses Überwältigende ins Wort bringen kann – eine Sprache, die nicht der Gewalt das Wort redet, sondern der Liebe zum Leben; eine Sprache, die die Grammatik der Herrschaft überwindet, die im Normalfall die Ordnung der Dinge bestimmt. An diesem Punkt zeigt sich der Zusammenhang zwischen dem *passivum divinum*, dem Schweigen der Frauen und der Sprachform der Metapher. Das Schweigen der Frauen, das sich sowohl im *passivum divinum* als auch in ihrer Flucht ausdrückt, eröffnet den Lebensraum einer neuen Sprache. Es setzt eine Leerstelle in der Gottesrede, die einer Überschreitung auf das Leben hin zum Durchbruch verhilft. Nach der Auferstehung Jesu können die Jüngerinnen und Jünger nicht mehr weitermachen wie zuvor. Sie brauchen eine neue Sprache, die die Bedeutung Gottes in Jesus Christus zum Ausdruck bringt. Für diese neue Sprache ist das Schweigen entscheidend, in das die Sprachlosigkeit führt. Die christliche Gottesrede[11] wird im ohnmächtigen Verstummen der Menschen verortet. Ihr ist die Leerstelle des Schweigens unverzichtbar. Sie schiebt dem Machtmissbrauch in der Gottesrede einen Riegel vor.

Das Markus-Evangelium stellt mit seinem abschließenden Schweigen heraus, dass die Rede von Gott mit der Frage nach der Lebensmacht konfrontiert, die in der Auferstehung am Werk ist. Sie ist eine Macht, die alle menschlichen Worte übersteigt und letztlich unsagbar ist. Das gesamte Evangelium nach Markus läuft auf diesen unerhörten Punkt des Schweigens der Frauen zu. Auch hier zeigt sich ein Paradox: Das Schweigen, in dem das Markus-Evangelium zum Abschluss kommt, eröffnet den Lebensraum einer neuen Sprache. Diese Sprache wächst langsam. Die Stimmen der Frauen gehen durch ihr Schweigen hindurch, bevor sie leise Worte der Hoffnung zu sprechen beginnen.[12] Es wird klar, dass sie mit ihrem Weg zum Kreuz und zum Grab der Hoffnungslosigkeit widerstanden haben. Jetzt sind sie herausgefordert, der Auferstehung das Wort zu reden. Wenn der Evangelist vom Schweigen der Frauen schreibt, setzt er zugleich als bekannt voraus, dass die Frauen nach einer Zeit des Schweigens gesprochen haben – sonst wäre ihm die Geschichte gar nicht bekannt. Dass er das Schweigen so markant ans Ende setzt, richtet sich an die Leserinnen und Leser des Evangeliums. Sie werden damit auf das eigene Verstummen in der Gottesrede hingewiesen. Angesichts der Ohnmacht, in die das Leben Menschen führt, stellt sich Sprachlosigkeit ein. Das merkwürdige Ende des Markus-Evangeliums fordert dazu auf, sich dieser eigenen Sprachlosigkeit zu stellen und das zu benennen, was sprachlos macht. Denn in Auseinandersetzung mit dem, was zum Verstummen führt, kann die Lebensmacht zu Wort kommen, die in der Auferstehung am Werk ist.

2.2.3 Machtwechsel. Maria Magdalena und das Unsagbare der Auferstehung

Die Ostererzählungen des Neuen Testamentes machen deutlich, dass christliche Gottesrede in der Sprachlosigkeit beginnt. Wo Menschen in der Not ihres Lebens verstummen, ist die Lebensmacht der Auferstehung gefragt. Die Ostererzählungen in den vier Evangelien, die sich in der historischen Darstellung der Ereignisse unterscheiden, sind in diesem Kern miteinander verbunden: Sie handeln von der schöpferischen Macht der Auferstehung. Ihr Anliegen ist nicht primär ein historischdokumentierendes, sondern ein theologisches. Dabei zeigt das Johannes-Evangelium eine besondere Perspektive auf. Es rückt Maria Magdalena in den Mittelpunkt und fragt aus ihrer Sicht nach der Präsenz Jesu Christi, der nach seinem Tod auf schreckliche Weise abwesend ist, aber dennoch im Leben seiner Jüngerinnen und Jünger anwesend bleibt. Die Präsenz des abwesenden Jesus Christus ist das Thema dieser Erzählung, die in keinem anderen Evangelium erwähnt wird, weil sie ein Sondergut des Johannes darstellt.

Das Johannes-Evangelium berichtet in Kap. 20,11–18, wie Maria Magdalena nach dem Kreuzestod Jesu frühmorgens zu dessen Grab geht. Sie sucht den Ort auf, wo ihre namenlose Trauer um den Menschen kulminiert, auf dessen Reich-Gottes-Botschaft sie all ihre Hoffnung gesetzt hatte. Den Ort des Todes aufsuchen heißt hier, die Erinnerung an den Ermordeten wach halten. „Die Trauer soll nicht in unbestimmtem Raum umherirren, sondern einen festen Ort haben, einen Halt bekommen an der Stelle, wo der Leichnam beigesetzt ist." (Wengst 1991, 74) Aber dann entdeckt Maria, dass der Stein, der das Grab Jesu eigentlich verschließen und damit die Toten und die Lebenden voreinander schützen soll, zur Seite gerollt ist. Maria schließt daraus: der Leichnam wurde heimlich weggeschafft. Jetzt ist ihr auch noch der Ort ihrer Erinnerung geraubt. Das Grab ist leer. „Da lief sie schnell zu Simon Petrus und dem Jünger, den Jesus liebte" (Joh 20,2), aber auch deren Wettlauf zum Grab hilft ihr nicht aus ihrer Verzweiflung heraus. Erneut steht sie verlassen da und weint. Sie schaut ins Grab und sieht zwei Engel. Aber auch dieses Zeichen, das zu den stärksten einer Offenbarung gehört, begreift sie nicht. Orientierungslos wendet sie sich um und sieht einen Mann vor sich, den sie in ihrer Blindheit für den Gärtner hält. „Warum weinst du? Wen suchst du?" wird sie gefragt. Nochmals wiederholt sie dieselben Gesten, dieselben Fragen, die ihre Sprachlosigkeit ausdrücken. Aber dann ruft der Auferstandene sie bei ihrem Namen: „Mirjam". In diesem Moment gehen ihr die Augen auf und sie wird sehend. „Halte mich nicht fest" – μή μου ἅπτου (V.17), sagt der Auferstandene weiter. Diese Aufforderung ist merkwürdig, denn das Evangelium sagt nichts davon, dass Maria nach Jesus greift und ihn festzuhalten versucht. Eine solche Reaktion ist auch keineswegs naheliegend, da Maria Magdalena zuvor mit ansehen musste, wie Jesus qualvoll am Kreuz gestorben ist. Es ist nicht wahrscheinlich, dass sie nach dem greift, was nach menschlichem Ermessen ein malträtierter Leichnam sein muss, der sich nun aber frei bewegt und sich als etwas ganz anderes, bisher Unbekanntes zeigt. Erschrecktes Zurückweichen wäre hier zu erwarten.

Die Aufforderung „Halte mich nicht fest" meint nicht, dass Maria Jesus körperlich anfassen will. Ein anderes Festhalten ist hier gemeint. Charles Kingsley Barret weist darauf hin, dass hier der verneinte Imperativ Präsens verwendet wird, der die Unterbrechung eines schon länger andauernden Prozesses anzeigt. Die Verbform bezeichnet „the breaking off of an action already in progress, or sometimes of the attempt to perform an action" (Barrett 1990, 565). Aber worin liegt die Unterbrechung? Als die verzweifelte Frau weinend am Grab steht, hat der Tod ihr Leben im Griff und droht es zu ersticken. Der Mensch, den sie liebt und auf den sie ihre Hoffnung gesetzt hat, ist abwesend. Aber Jesus ist nicht einfach weg, sondern er ist als Toter präsent. Diese Präsenz nagt an ihrem Leben. Jesu Worte richten sich gegen dieses Tödliche seiner Abwesenheit, die so ungeheuerlich anwesend ist. „Halte mich nicht fest!" fordert dazu auf, den Toten nicht im Tod festzuhalten, sondern ihn so zu entlassen, dass das Leben wieder zum Zug kommt. Jesus, der nicht mehr da sein wird, offenbart eine Abwesenheit, die es mit Leben zu füllen gilt. „Ich gehe hinauf zu meinem Vater und zu eurem Vater, zu meinem Gott und zu eurem Gott." (Joh 20,17) Der Auferstandene verweist in seiner Abwesenheit auf eine Präsenz, die Leben eröffnet. Sein Erscheinen bewirkt eine Wende in der Präsenz des Abwesenden. Zuvor war sie tödlich, nun aber wird sie zu einer belebenden Gegenwart. Sein Erscheinen verändert die Art, wie der Getötete in ihrem Leben vorkommt. War er bisher als Toter gegenwärtig, der das Leben Mirjams gefährdet, wird er nun als Auferstandener präsent, in dessen Abwesenheit ein Zeichen der Hoffnung aufscheint. Maria hat Jesus zunächst für den Gärtner gehalten. Unscheinbar meldet sich in der Anrede des Auferstandenen eine Lebensmacht zu Wort, die Maria aus dem Zugriff des Todes entlässt. Hier findet ein unspektakulärer, aber folgenreicher Machtwechsel statt. Denn der Tod wird in seinem Zugriff auf das Leben entmachtet.[13] Die Auferstehung, die Mirjam in Jesus Christus vor Augen geführt wird, erfährt sie am eigenen Leib. Ihr wird selbst die Gnade der Auferstehung zuteil.

Der Machtwechsel, den die Auferstehung Jesu Christi bewirkt, wird damit zum Wendepunkt. Im Blick auf das Leere Grab, den Ort der Abwesenheit und des Todes, entdeckt Mirjam die unerwartete Präsenz eines neuen Lebens. Die zuvor blinde Frau, die sich orientierungslos hin und her wendet, wird sehend und ergreift das Wort. Sie wird zur ersten Zeugin dessen, was später im Glaubensbekenntnis benannt wird – sie ist der einzige Mensch, der nach biblischer Tradition das „gestorben, begraben, auferstanden von den Toten" mit eigenen Augen gesehen hat.[14] Zuvor war sie sprachlos und ihre Worte waren eher stumm; nun aber ist sie berufen, die Auferstehung zu bezeugen. Die Verstummte soll sprachfähig werden. Aber wie dieses Ereignis ausdrücken, das so unscheinbar daher kommt, aber so weitreichende Bedeutung hat? Weil es hier um eine Lebensmacht geht, die stärker ist als die Gewalt des Todes, will sie zur Sprache kommen. In der Bibel heißt es lapidar, dass Maria zu den Jüngern geht und sagt: „Ich habe den Herrn gesehen" (Joh 20,18). Dies sind wahrlich dürre Worte für ein Ereignis, das alles umkrempelt und die bedrohliche Anwesenheit eines Toten zu einer Präsenz wendet, die Leben eröffnet. Maria Magdalena steht vor der Frage, wie sich das sagen lässt, was alle Sprache überschreitet und gerade deswegen zu Wort kommen will.[15] Für das Geheimnis der Auferstehung, in dem sich die Liebe selbst offenbart, sind alle Worte zu dürr, zu abgenutzt, zu nichtssagend. Und dennoch will das zur Sprache kommen, was hier voran treibt und dem Leben zum Durchbruch verhilft.

Ostern erfordert eine Sprache, die mehr sagt, als sie sagen kann. Denn die Erfahrung der Auferstehung wirft aus den gewohnten Sprachbahnen hinaus und verweist auf das, was unsagbar ist. Die Anrede „Mirjam" und genauso die Antwort „Rabbuni" sagen mehr als einen Vornamen oder einen profanen Titel. Die Ostergeschichten ringen um eine Sprache, in die sich das Geheimnis der Auferstehung einschreibt.[16] Sie formen eine Gottesrede, die verschwiegen, aber gerade in ihrer Verschwiegenheit beredt ist; denn diese Gottesrede markiert das Unsagbare des Geheimnisses, vor dem die Sprache versagt. Eine verschwiegene Gottesrede benennt das Geheimnis nicht in einem Zugriff, sondern sie erzeugt in ihrem Sprechen Leerstellen, die das Geheimnis aufleuchten lassen. Der Raum zwischen den Zeilen spricht mit. Sein Schweigen spricht und öffnet den Blick auf das hin, was in Sprache sonst nicht zu fassen ist.

2.2.4 Der Auferstandene – das Wort, das den Anfang einer neuen Sprache setzt

Wie von dem reden, was sich nicht sagen lässt? Wie sich an den Grenzen der Sprache bewegen, ohne dem Verstummen anheim zu fallen? Wie sprachfähig werden, wo die Sprache versagt? Vor diesen Fragen stehen die Frauen am Grab, die Jüngerinnen und Jünger der frühen Kirche und alle, die der Auferstehungsbotschaft Jesu Christi folgen. Weil sich die Ostergeschichten im Tod dem Geheimnis des Lebens auf die Spur machen, verwenden sie die Sprachform, die beim Verstummen ansetzt. Die Ostererzählungen leben aus der schöpferischen Kraft neuer Metaphern. Jesu Wort *„Halte mich nicht fest"* ist metaphorisch, weil es nicht das körperliche Anfassen meint, sondern auf Mirjams Festhalten an der tödlichen Präsenz des Toten zielt. Indem Jesu Wort tatsächlich Mirjams Blick wendet, wird es zu einer Metapher, einer Metapher der Auferstehung, die den Machtwechsel vom Tod auf das Leben hin benennt. Diese neue Metapher zieht weitere nach sich. Mirjam hält den Toten nicht als Toten fest, denn sie hat ihn als Lebenden gesehen. Damit wird zugleich das profane *„sehen"* zur Sprache des Glaubens transformiert, die eine Erscheinung ausdrückt und eine Überschreitung prophetischer Visionen markiert: *„Ich habe den Herrn gesehen"* – *„ἑώρακα τὸν κύριον".* Aus dem Zusammenhang gerissen wirken diese Worte belanglos. Aber als Metapher der Auferstehung begriffen, sind sie alles andere als dürr. Denn Voraussetzung dafür, dass Maria den Auferstandenen *sieht*, ist, dass dieser sich ihr zeigt, dass er ihr *erscheint* (ὤφτη). So geht dem *Sehen* in seiner aktiven Form das *Erscheinen* voraus – im Deutschen zwei Verben, die im Griechischen beide auf ὁράω zurückgehen. Die aktive Verbform bezeichnet das *Sehen, Erblicken, Erkennen*; die passive Verbform das *Sichtbarwerden, Erscheinen*. Wenn Maria den Jüngern sagt: „Ich habe den Herrn gesehen", sagt sie zugleich: „Christus ist mir erschienen." Damit bezeichnet sie die Präsenz Christi, die nicht körperlich ist, aber präsenter als manche körperliche Gegenwart.

Die Ostergeschichten zeigen die Bedeutung von Metaphern für eine Gottesrede, die sich der eigenen Sprachlosigkeit stellt. Wo Menschen sich mit ihren Gotteserfahrungen an der Grenze des Sagbaren bewegen, eröffnen Metaphern den Schritt über diese Grenze in das Unsagbare hinein. Die Metapher als Sprachfigur der Überschreitung, die beim eigenen Versagen ansetzt, ist hier im wahrsten Sinn des Wortes *notwendig.* Das *Aufgeweckt-Werden* und *Aufstehen,* das zunächst mit dem Schlaf in Verbindung steht, wird zur *Auferstehung aus dem Tod,* die etwas ganz anderes bedeutet, als morgens wach zu werden.[17] In einem metaphorischen Prozess werden säkulare Worte zu theologischen Termini, die den Anfang der christlichen Glaubenslehre setzen. Der Auferstandene sagt zu Maria, dass er zum Vater gehen wird – „zu meinem Vater und zu eurem Vater". Er greift damit auf das Vaterunser zurück, das er als Irdischer zu beten lehrte. Nun macht er Maria Magdalena mit dieser Gottesmetapher deutlich, wo der schmerzlich Vermisste, der Abwesende, zu finden ist: in der Gegenwart Gottes, die verborgen, aber zugleich präsent und in diesem Sinn greifbar nah ist. Denn dieser Vater ist Jahwe: „Ich bin da" (Ex 3,14) und zeigt eine Präsenz, die auch in der Abwesenheit wirksam ist. Mit der Gottesmetapher „Vater" lockt Jesus über das „Halte mich nicht fest" hinaus in die Lebensmacht der Auferstehung.

Das ins Wort zu bringen, was sprachlos macht, bringt einen metaphorischen Prozess in Gang. Am Ort der Auferstehung wird kein herrschaftliches Machtwort gesprochen, das Menschen noch tiefer in den Abgrund des Schreckens führt und sie endgültig verstummen lässt. Vielmehr meldet sich ein Schweigen zu Wort, das einer neuen Sprache Raum gibt. In der Auferstehung Jesu Christi ereignet sich das Wort, das *vor* allen Worten war, ist und sein wird. Das Wort vor allen Worten, das Schöpfungswort Gottes, ermöglicht erst das Menschenwort. Markanter Weise tradiert jener Evangelist die Erzählung von Maria Magdalena, der mit einem Lobgesang auf den Logos sein Evangelium beginnt (Joh 1,1–18). Die Apostelgeschichte führt diese Linie vom Wort Gottes zur Sprachfähigkeit der Verstummten fort. In seiner irdischen Zeit hat Jesus das Wort ergriffen und seine Jüngerinnen und Jünger das Beten gelehrt. Nun aber sendet er seinen Geist, der den Menschen in der Sprachnot ihres Lebens beisteht. Der Auferstandene ist das Wort, das den Anfang einer neuen Sprache setzt. Dieses Wort inkarniert sich in menschlicher Bedrängnis. Es macht Menschen sprachfähig, die zu verstummen drohen. Die Geistsendung des Pfingstfestes überwindet das spaltende Sprachgewirr von Babylon. Es öffnet sich auf eine Sprache hin, die die schöpferische Macht des Gotteswortes freisetzt. Pfingsten ist ein unerhörtes Sprachereignis. Denn die Jüngerinnen und Jünger sprechen nicht in der eigenen, vertrauten Sprache, sondern in fremden Sprachen, der Sprache der anderen, „wie es der Geist ihnen eingab" (Apg 2,5). Nicht Trennung und Abgrenzung, sondern Überschreitung und Kommunikation sind hier angesagt. „Wieso kann sie jeder von uns in seiner Muttersprache hören?" (Apg 2,8), fragen diejenigen, die erstaunt die vom Geist Erfüllten sprechen hören. Die Sprache von Pfingsten verbindet, ohne die Differenzen der Herkunft zu verdecken – „Parther, Meder und Elamiter, Bewohner von Mesopotamien, Judäa und Kappadozien, von Pontus und der Provinz Asien, von Phrygien und Pamphylien, von Ägypten und dem Gebiet Libyens nach Zyrene hin" (2,9–10). Und Petrus, der diese Sprachfähigkeit zu erklären versucht, begreift sie als Erfüllung der Verheißung im Buch Joel: „Eure Söhne und Töchter werden Propheten sein, eure Alten werden Träume haben, und eure jungen Männer haben Visionen. Auch über Knechte und Mägde werde ich meinen Geist ausgießen in jenen Tagen." (Joel 3,1f). Diejenigen, die sonst nichts zu sagen haben, beginnen zu sprechen.

Die katholische Tradition begreift diese Geistsendung als Geburtsstunde der Kirche. Ein neuer Prozess kommt in Gang, als Menschen diesem Wort folgen, das den Anfang einer neuen Sprache setzt. Das Wort braucht weiterhin Inkarnation, Fleischwerdung. Schon der Theologe Origenes bringt dies im 3. Jahrhundert auf den Punkt: „Nicht nur in Maria begann seine Geburt mit seiner ‚Überschattung', sondern auch in dir, wenn du dessen würdig bist, wird das Wort Gottes geboren." (Origenes 1991, 322) Mit Pfingsten beginnt die Zeit der Inspiration, die den Wortschatz des Neuen Testamentes hervorbringt. Viele Menschen öffnen sich diesem Wort vor den Worten, das in der Bedrängnis des Lebens spricht: Paulus, dessen Lehre von Christus visionäre Zugkraft erlangt; die Evangelisten, die sich mit ihren Erzählungen dem Ostergeheimnis nähern; die namenlosen Menschen, die sich in den frühchristlichen Gemeinden und Hauskirchen der Frage stellen, wer Jesus Christus ist. In ihr Sprechen fließt das Schweigen der Frauen am Grab ein, das sie mit der eigenen Sprachlosigkeit konfrontiert. Die junge Kirche kann nun auch das tun, womit der irdische Jesus sehr zurückhaltend war: Sie benennen Jesus als Christus und geben ihm Namen, die die

Exegese heute als Hoheitstitel bezeichnet.[18] Vom Geist der Auferstehung erfüllt, benennen die Jüngerinnen und Jünger in einer Metapher das, was ihnen Jesus mit Leben, Tod und Auferstehung bedeutet. Jesus ist der Christus, der Gesalbte Gottes. Er erschließt ihnen die „Gnade des Wortes"[19], indem seine Inkarnation den Anfang einer neuen Sprache setzt.

Die Autoren des Neuen Testamentes spannen mit ihren Worten den Bogen in das hinein, was unsagbar ist. Um die geschichtliche Realität der Auferstehung zu benennen, sind Metaphern notwendig. Die sprachlichen Grenzüberschreitungen konstituieren das Zweite Testament und machen es zusammen mit dem Ersten zum Buch der Bücher, zur Bibel. Dass im Verstummen solche Sprache entsteht, liegt jedoch nicht in menschlicher Verfügungsgewalt. Das zur Sprache bringen zu können, was Menschen aus der Ohnmacht ihres Verstummens hinaus führt, ist eine Gnade. In diesem Sinn produzieren die biblischen Autoren nicht die Schrift, sondern empfangen sie. Mit dem, was sie sagen, lassen sie *das Wort vor den Worten* in menschlicher Sprache zu Wort kommen. Es ist eine Gnade, dass die Sprachlosigkeit überwunden wird und neuer Lebensatem zufließt. Aus diesem Grund wird die Schrift zu Recht als inspiriert bezeichnet. Sie lebt aus dem Geist Jesu Christi, dessen Auferstehung den Tod überwindet. Sie hält fest, wie die Offenbarung Gottes in Leben, Tod und Auferstehung Jesu Christi zur Fülle gelangt ist. Wortreich und zugleich verschwiegen erzählen die Schriften des Neuen Testamentes von dieser Offenbarung, die wahrlich nicht zu überbieten ist. Diese Gnade des Wortes, die zum Leben ermächtigt, verkörpert sich in Heiliger Schrift. Sie setzt den Maßstab, an dem sich das Christentum in Zukunft orientiert.

2.3 Gottesmetaphern im Mittelalter – Überschreitungen der Sprache in Politik und Mystik

Die Bibel erzählt von Frauen und Männern, die mit dem Wort Gottes ringen, das im Verstummen zu sprechen beginnt. Damit verweist die Schrift zugleich über sich selbst hinaus in die Tradition. Denn nicht nur die Menschen der Bibel ringen mit dem Wort und setzen sich seinen Grenzüberschreitungen aus. Was das Wort Gottes in späterer Zeit bedeutet, hat diese Zeit selbst zu benennen. Mit der Bibel in der Hand stehen Christinnen und Christen vor dem Sprachproblem der Unsagbarkeit Gottes. Dass die Tradition nicht vor den Mühen metaphorischer Prozesse verschont bleibt, zeigen auch die Dogmen der Kirche. Das Ringen um die Wahrheit der Lehre, das die Dogmengeschichte auszeichnet, vollzieht sich als Sprachprozess. In den ersten Jahrhunderten wird er im Gegenüber zur hellenistischen Welt geformt, indem das Christentum sich mit der griechischen Philosophie auseinandersetzt. Es transformiert die griechische Sprache so, dass diese Transformation zugleich die griechische Philosophie überschreitet. Wie der Theologe Markus Buntfuß in seinem Buch „Tradition und Innovation" erarbeitet, ist dabei die Inkarnationsmetapher die Grundübertragung, an der sich die christliche Theologie orientiert.[20] Sie führt zur Lehre von der Trinität, die in einer neuen Sprache zu Wort kommt und deswegen die Sprachschöpfung des ὁμοούσιον hervorbringt – ein Wort, das weder in der Bibel noch in der damaligen griechischen Sprache vorkommt: Christus ist „wesensgleich" mit dem Vater.

Dieser Spur der Metaphorik in der Dogmengeschichte zu folgen, wäre ein eigenes lohnenswertes Projekt. Im Folgenden werden jedoch nicht die prominenten Dogmen behandelt, sondern drei Beispiele aus der Kirchengeschichte beleuchtet, die weniger bekannt, aber für die notwendigen Überschreitungen in der Gottesrede aufschlussreich sind. Sie stehen an Wendepunkten, wo das Evangelium in den Umbrüchen der Zeit neu zur Sprache kommt: das Projekt der Evangelienharmonie des *Heliand*, die Mystik im 13. Jahrhundert am Beispiel Mechthilds von Magdeburg sowie die Leitmetapher der Gotik „Gott ist Licht".

2.3.1 Der *Heliand* – die evangelisierende Macht einer frühmittelalterlichen Christus-Metapher

Die Gottesmetaphern des Mittelalters stehen in der Tradition der Bibel. Die Sprache ist hier ein Ort, der Gott zum Vorschein bringt und erfahrbar macht. Sie eröffnet die Möglichkeit, dass Gott zu Wort kommt. Aber dies muss nicht nur in den Tagen der Bibel, sondern auch in der Zeit danach tatsächlich geschehen. Das Wort Gottes ist kein Gegenstand, sondern es ereignet sich. Hierzu dient eine Gottesrede, in die sich die Zeichen der jeweiligen Zeit einschreiben. Wo die herkömmliche Sprache versagt, sind auch hier Sprachüberschreitungen erforderlich. Neue Erfahrungen lassen alte Metaphern aufleuchten und lebendig werden. Zugleich braucht es neue Gottesmetaphern, die eine Brücke zwischen der traditionellen Rede von Gott zu den Problemen der Zeit schlagen. Sie haben die Aufgabe, das zu benennen, was bisher noch nicht sagbar war, sich nun aber in der Herausforderung der Gegenwart zeigt. Aus diesem Grund entstehen in der Kirchengeschichte neue Namen für Gott Vater, für den Sohn Christus sowie für den Heiligen Geist. Die Gottesrede der Bibel ist nicht exklusiv-ausschließend, sondern integrativ-auffordernd. Der metaphorische Prozess, der Jesus nach seiner Auferstehung als Christus zur Sprache bringt, geht nachbiblisch weiter. Ein Beispiel hierfür ist der mittelalterlicher Hoheitstitel *heliand*. An ihm lässt sich das Metaphorische der Gottesrede in der Kirchengeschichte exemplarisch aufzeigen.

Im 9. Jahrhundert, in der Zeit nach Karl dem Großen, ist das Christentum in den deutschsprachigen Ländern relativ etabliert. Etabliert und politisch erfolgreich zu sein heißt jedoch nicht, dass das Evangelium bei den Menschen verwurzelt ist und hier seine potentielle Lebensmacht entfaltet. Max Wehrli, Germanist und ausgezeichneter Kenner der mittelalterlichen Literatur, spricht deswegen von einem „eben erst notdürftig zum Christentum bekehrten" Volk (Wehrli 1997, 70). Das Christentum ist in den Turbulenzen der Zeit fast verloren gegangen mit seiner Aussagekraft in den Nöten des Lebens. Es musste erst wieder entdeckt werden. Offiziell sind die Menschen zwar christlich, doch sie haben keine Möglichkeit, den Sprachschatz der Bibel zu nutzen. Was soll auch ein Volk, das weder lesen noch schreiben kann, mit lateinischen Texten anfangen? Die Vulgata, die lateinische Übersetzung der Bibel, ist ihnen ein Buch mit sieben Siegeln. Denn Latein sprechen nur die Allerwenigsten. Im Auftrag von Kaiser Ludwig dem Frommen (oder Ludwig dem Deutschen) übernimmt es in dieser brisanten Situation ein Dichter, Leben und Lehre Jesu in der Volkssprache darzustellen. Zwischen 821 und 840 entsteht in Fulda eine Evangelienharmonie.

Sie ist ein kühnes Unterfangen, denn bereits im 9. Jahrhundert gibt es eine Auseinandersetzung darüber, ob die Heiligen Schriften überhaupt in der Volkssprache zu Wort kommen können, oder ob sie den so genannten Heiligen Sprachen Hebräisch, Griechisch und Latein vorbehalten sind.

Aber das Wort Gottes kann nur dann seine Lebensmacht entfalten, wenn es verstanden wird mit dem, was es zu sagen hat. Aus diesem Grund schreibt der anonyme Autor in der *barbarica lingua*, dem heute so genannten Altdeutschen. Er greift auf Sprachschatz und Vorstellungswelt des Volkes zurück und transformiert sie ins Christliche.[21] Sein Werk erhält einen sehr prägnanten Titel: Es heißt „*heliand*". In diesem Wort fließt all das zusammen, worum es in den Evangelien geht. Jesus hat heilende Kräfte. Er ist nicht nur ein Heiler, sondern der Heiland schlechthin. Seine Heilungen sind Heilszeichen auch für die Menschen im 9. Jahrhundert. Die Heilungswunder Jesu eröffnen mitten in der Not des Lebens, die in unsägliche Bedrängnis bringt, neue Lebensmöglichkeiten. Das 9. Jahrhundert ist eine schwierige Zeit. Sie ist – wie der Historiker Georges Duby es ausdrückt – eine „wilde Welt, eine Welt in den Fängen des Hungers": „Kein Bauer, der ein Korn sät, rechnet in einem nicht allzu schlechten Jahr damit, mehr als drei zu ernten – genug, um bis Ostern Brot zu essen. [...] Das ganze Jahr satt zu essen zu haben erschien damals als ein außerordentliches Privileg, das Privileg einiger Adeliger, einiger Priester und einiger Mönche. Alle anderen waren Sklaven des Hungers." (Duby 1997, 12f) Krankheiten und Seuchen finden in den Ausgehungerten ein leichtes Opfer. Die meisten Menschen sterben jung, die Lebenserwartung ist niedrig, selbst wenn man die Kindheit gut überstanden hat. Politisch zählt das Leben der Einzelnen nichts, Leibeigenschaft ist an der Tagesordnung. Auch in dem gerade erst christianisierten Sachsen herrscht eine raue Kultur, Gewaltsamkeit und Krieg sind an der Tagesordnung.

In diese Situation hinein versucht der anonyme Autor, das Evangelium zum Thema zu machen. Er erzählt von Jesus Christus, der sich den Menschen in ihrem Elend, in ihrer Krankheit und ihrem Schmerz zuwendet und sie heilt. Er wird beschrieben als Volkskönig, der nicht Gewalt verbreitet, sondern Frieden bringt. Er ist ein milderer Herrscher als alle Herrscher der Welt. „Friedenskind" ist im *heliand* die häufigste

Bezeichnung Christi. Und dieser Mensch ist nicht einfach schon längst tot, sondern er hat den Tod überwunden. Sein Wort ist auch in der eigenen Zeit wirksam. Und was er zu sagen hat, ist in diesem Buch zu lesen, das den Titel „heliand" trägt. Der Titel des Werkes ist programmatisch. Naheliegend wäre der Name „Evangelienbuch", den wenig später Otfrid von Weißenburg für seine Zusammenschau der Evangelien wählt. Aber dieses altniederdeutsche Werk erhält einen anderen Titel. Er stellt die heilende Kraft Christi in den Mittelpunkt, der die Wunden des Lebens und selbst die furchtbaren Wunden des Krieges zu heilen versteht.

Das Projekt der Evangelienharmonie war schon im 9. Jahrhundert umstritten, denn es überträgt die Welt der Evangelien in die germanische Welt eines Stammeskönigs und seiner treuen Vasallen. Es unterzieht die Sprache des Evangeliums einem metaphorischen Prozess, wenn die Hochzeit zu Kana als fröhliches Trinkgelage erscheint oder die Jünger bei der Stillung des Seesturmes in gehörntem Schiff auf hoher See unterwegs sind. Der unbekannte Autor tut auf seine Weise dasselbe wie die Maler des Mittelalters, die ihre Darstellungen biblischer Szenen mit Kleidung und Landschaft, Sitten und Gebräuchen ihrer eigenen Zeit ins Bild bringen. Aber nicht mit dem germanischen Inventar, das heute eher befremdlich erscheint, sondern mit einer neuen Benennung Jesu Christi erzielt die Evangelienharmonie einen überraschenden und geradezu durchschlagenden Erfolg. Diese Benennung ist eine Metapher, die auf das Konto des 9. Jahrhunderts geht und nach der das Werk benannt wird: Heliand. Das griechische Wort, auf das sich diese Metapher bezieht, heißt σωτήρ und bedeutet Erretter, Bewahrer, Befreier. Die Bezeichnung *Heiland* für Jesus Christus kommt in den Evangelien der Bibel nicht vor. Sie gehört zum Metaphernfeld der Gesundheit, wohingegen *Retter* zum Metaphernfeld von Gebundensein und Erlösung aus Gefahr, Gefangenschaft und Befreiung gehört. Der Titel „Heiland" als Hoheitstitel für Christus ist eine Wortschöpfung des 9. Jahrhunderts. Sie verbindet den Hoheitstitel σωτήρ, der im griechischen Alten Testament, der Septuaginta, als Gottesbezeichnung verwendet wird (vgl. Bauer 1988, 1596), mit den Heilungswundern Jesu. Die Evangelienharmonie gibt Jesus Christus damit einen Hoheitstitel, in dem die heilende Kraft Jesu zum Ausdruck kommt, mit der er Menschen in der Not ihres Lebens beisteht. Christus heilt die Wunden des

Lebens. Christus ist der Heiland. Mit der althochdeutschen Dichtung des *heliand* beginnt dieser neue christologische Hoheitstitel seinen Siegeszug. Das Wort „Heiland" wird zu einem der meistgebrauchten Titel, mit denen Jesus als Christus verehrt und in menschlicher Not angerufen wird.

Dabei ist zu beachten, dass das Wort *heliand* in der Entstehungszeit der Evangelienharmonie eine riskante Metapher ist. Der *heliand* ist eine Wortschöpfung,[22] die mit einer Partizip Präsens-Bildung aus dem Verb *heilen* (und dem dazugehörigen Adjektiv *heil*) entstammt. Das Gewagte hieran ist, dass diese Metapher zugleich an die germanische *hel*, die mächtige Göttin der Toten, erinnert. Die Metapher lasst diese Gottheit jedoch hinter sich und überschreitet sie auf Christus hin. Aus dem Totenreich *hel* wird christlich die *Hölle*, und dieser wird Christus als *heliand* entgegen gesetzt, der den Tod überwindet. So transformiert der Hoheitstitel *heliand* germanisches Glaubensgut, indem er eine Metapher bildet, die Christus als den wahren Heiler, als den Heiland schlechthin präsentiert. Damit bezieht die Evangelienharmonie zugleich Position gegen einen militärisch orientierten Missionsbegriff. Im 8. Jahrhundert hatte Karl der Große den Sachsen mit Feuer und Schwert das Christentum einzubrennen versucht.[23] Schon einige seiner Zeitgenossen haben die Unbarmherzigkeit der Kriegsführung sowie die Praxis der Zwangstaufe kritisiert. Alkuin von York, Leiter der Hofschule Karls, setzte sich nachdrücklich dafür ein, dass den Katechumenen neben Taufformel und Glaubensbekenntnis auch das Leben Jesu nahe gebracht wird. In dieser Argumentationslinie entsteht einige Jahrzehnte später das Buch, das den *heliand* in den Mittelpunkt rückt und damit nicht die Gewalt, sondern die heilende Kraft des Christentums und die Gnade Gottes in einer Leitmetapher ins Wort bringt.

Die Metapher *heliand* hat missionarische Überzeugungskraft, weil sie bei der germanischen Religion ansetzt, diese aber auf den neuen Glauben hin überschreitet. Sie wird zur Brücke, die den Menschen den Übergang ins Christentum ermöglicht. Auch hier zeigt sich die Metapher als scharfsinnige Dummheit, die mit ihrem Scharfsinn besticht. Zunächst erscheint es als ausgemachte Dummheit, den Glauben an germanische Gottheiten in die Sprache des Evangeliums einfließen zu lassen. Aber mit ihrer Überschreitung gelingt es der Metapher *heliand*, das spezifisch Christliche darzustellen und dem Kriegerischen ihrer Zeit die Botschaft von Frieden und Gerechtigkeit entgegenzusetzen, die allein Heil bringt. Der Scharfsinn dieser Metapher und ihre evangelisierende Sprachmacht sind so bestechend, dass sich der Hoheitstitel durchsetzt und nach Jahrhunderten noch ganz selbstverständlich gebraucht wird. Luther greift sie in seiner Übersetzung der Weihnachtsgeschichte sowie in Kirchenliedern auf: „denn euch ist heute der Heiland geboren, welcher ist Christus, der Herr, in der Stadt Davids" (Lk 2,11). 1926, zwischen den beiden Weltkriegen, nennt sich in der Jugendbewegung eine Gruppierung junger Frauen und Mädchen nach dem mittelalterlichen Evangelisierungsprojekt „Heliand-Bund".[24] Die Einheitsübersetzung der Bibel bleibt in der Weihnachtsgeschichte bei der Übersetzung „Retter". Dennoch sind die meisten deutschsprachigen Christinnen und Christen heute davon überzeugt, dass „Heiland" ein neutestamentlicher Titel für Christus ist.

2.3.2 *Das fließende Licht der Gottheit* und die erotische Sprache der Mystik bei Mechthild von Magdeburg

In Liebesworten wird die Sprache neu geboren und das Leben bricht sich Bahn. Dies gilt auch für die Liebesdichtung der Mystik. Dass die Sprache hier eine erstaunliche Lebensmacht entfaltet, zeigt sich exemplarisch bei Mechthild von Magdeburg, die im 13. Jahrhundert ihr Buch „*Das fließende Licht der Gottheit*" schreibt (vgl. Keul 2004). Ihre Mystik zeichnet sich durch eine kreative Sprache aus, die noch heute fasziniert. Ihre Gottespoesie lebt aus Metaphern, die ihr die Lebendigkeit des Lebens erschließen. Die Gottheit wird besungen als die einzigartige, auserwählte Sonne, weil sie niemals versinkt; sie ist der volle Mond, der nie abnimmt und somit ein Trost auch der dunkelsten Nacht ist; sie ist ein Berg, der brennt; und sie ist der Brunnen ohne Grund, der niemals versiegt – obwohl ein irdischer Brunnen den Grund braucht, um überhaupt ein Brunnen zu sein. Gott ist die Sonne unter den Sonnen; der Feuerberg unter den Bergen; der beständige Mond in wechselnden Zeiten; und der Brunnen, der niemals ausgeschöpft werden kann. Mechthild greift auf den Minnesang ihrer Zeit und auf das Hohe Lied im

Ersten Testament zurück, um die Lebensmacht der Liebe zu besingen. „Wird ein Mensch zu einer Stund von wahrer Liebe gänzlich wund, so wird er nie mehr recht gesund, er küsse denn denselben Mund, der seine Seele machte wund." (Mechthild von Magdeburg 1995, II–15)

Das Wort „Mystik" kommt aus dem Griechischen, von μυστήριον, Geheimnis. Dabei geht es nicht um irgendein Geheimnis, das als Rätsel vielleicht zu lösen wäre. Vielmehr geht es um das Geheimnis des Lebens, das sich zeigt, ohne dass es seinen Geheimnischarakter verliert. Es offenbart sich in Konfrontation mit dem Tod und macht in der Zerbrechlichkeit des Lebens jene Kraft erfahrbar, die Mechthild *das fließende Licht der Gottheit* nennt. Indem die Mystikerin in menschlicher Not den göttlichen Segen benennt, steht sie in der christlichen Tradition des Vaterunsers, das die Not der Menschen ins Gebet bringt. Die Mystikerin lebt aus dieser Tradition und führt sie mit ihrem Gottesbuch weiter.

Mechthild schließt sich als junge Frau etwa 1230 in der aufblühenden Handelsstadt Magdeburg den Beginen an. Sie gehört damit zu einer Armutsbewegung von Frauen, die nach den drei evangelischen Räten – Armut, Keuschheit und Gehorsam gegenüber Gott – leben. Ihr Arbeitsfeld ist das Elend der Menschen, die in den immer reicher werdenden Städten unter die Räder der Armut geraten. Diese Not bringt Mechthild vor Gott zur Sprache. Sie klagt: „Wenn meine Augen in Verlassenheit trauern und mein Mund einfältig schweigt und meine Zunge in Sehnsucht gebunden, und meine Sinne mich fragen Stunden um Stunden, was mir sei, dann steht alles in mir, Herr, gänzlich nach dir. Wenn mein Fleisch mir verfällt und mein Blut vertrocknet, mein Gebein erfriert, meine Adern sich verkrampfen und mein Herz zerschmilzt nach deiner Minne und meine Seele schreit mit eines hungrigen Löwen Stimme: Wie mir da ist? Und wo du dann bist? Viellieber, das sage mir!" (Mechthild von Magdeburg 1995, II–25)

Mystik entsteht aus der Konfrontation mit Krankheit und Tod, Schmerz und Gewalt. Die Macht des Todes droht übermächtig zu werden und lässt verstummen. Sie verschlägt der Mystikerin die Sprache. Aber mitten in dieser Finsternis meldet sich eine Lebensmacht zu Wort, die stärker ist als der Tod. Die Mystikerin hört den Ruf der Minne, der sie zum Leben lockt: „Eia, Liebe, nun lass dich wecken.

Eia, Liebe, nun lass dich minnen, und wehre dich nicht mit finsteren Sinnen." Die Gottesliebe lässt dem Tod nicht das letzte Wort. Vielmehr lässt sie das Geheimnis der Auferstehung mitten im Leben erfahren. Dieses Geheimnis besingt Mechthild. Sie wendet sich in ihrem Schreiben an *die* Lebensmacht, die allein den Tod überwindet: die Liebe zum Leben. Aus diesem Grund führt Mechthild lange Dialoge mit der „Frau Minne". Die Liebe macht das Wesen Gottes aus und ruft alles Leben ins Werden. Aber bei dem Versuch, diese überwältigende Lebensmacht ins Wort zu bringen, versagt der Mystikerin erneut die Sprache. Wie kann Gott am Abgrund des Todes zu Wort kommen? Die Begine steht vor der Herausforderung, in der Ohnmacht von Menschen so von Gott zu sprechen, dass diese Gottesrede den Bedrängten das Leben erschließt.

Diese Herausforderung ist zunächst eine Überforderung, die sprachlos macht. Das Unsagbare, die überwältigende Macht der Minne, ist mit der gewohnten, abgenutzten, erschlafften Sprache nicht benennbar. Aber das Verstummen schickt auf die Suche nach einer Sprache, in der Gott als das unfassbare Geheimnis zu Wort kommt und damit das verdorrte Leben aufblühen lässt. Mechthild geht dieses Sprachproblem mit Hilfe von Metaphern an. Auch hier gilt: Gottesmetaphern überschreiten Sprache in das Unsagbare hinein. Mechthild nennt die Hoffnung, die sich am Rande der Verzweiflung leise zu Wort meldet, eine „Sangmeisterin", weil sie dem Leben zum Tanz aufspielt. Zu diesem Tanz greift der Heilige Geist in die Saiten des Himmels, denn er ist der göttliche Minnesänger. Die Mystikerin spricht zu Gott: „Du bist mein Spiegelberg, meine Augenweide, ein Verlust meiner selbst, ein Sturm meines Herzens, ein Fall und Untergang meiner Kraft, meine höchste Sicherheit." (Mechthild von Magdeburg 1995, I-20) Mechthild arbeitet hier mit einem Oxymoron:[25] Du bist mein Untergang und meine höchste Sicherheit. Das Oxymoron ist in der Mystik eine beliebte Sprachform, denn: „Um an den ‚Einen' zu rühren, genügt nie eines. Selbst die kleinste semantische Einheit ist noch einmal in zwei gespalten, um darin eine Geste zu bilden, die allein es vermag, den ‚Sprung über sich selbst hinaus' zu bewerkstelligen – sei es auch nur in der verweisenden Anspielung." (Bogner 2002, 152) Die menschliche Sprache ist schwach. Dennoch kann in ihr das Geheimnis des Lebens erklingen.

Mechthilds Sprache ist von dieser Bewegung des „über sich selbst hinaus" getragen. Bei ihr wird besonders deutlich, dass sich die Gottesrede in all ihren Formen als metaphorischer Prozess vollzieht. Gotteserfahrungen versetzen Menschen in Bewegung und rufen Metamorphosen hervor. Wer Gott ist, wird im Handeln der Minne deutlich. Gott spricht Worte der Ermutigung und setzt Zeichen der Hoffnung. Gott lockt zum Leben. Gott liebkost die Seele mit Liebesworten. Gott grüßt und segnet, brennt und fließt. Auf der Suche nach Worten, die das „unsprechliche" – so Mechthilds mittelhochdeutsches Wort für dieses Phänomen – zum Ausdruck bringt, entdeckt sie vor allem die Sprache der Erotik als Quelle ihrer Gottespoesie. Dabei greift sie sowohl auf das Hohelied der Liebe im Ersten Testament als auch auf den Minnesang ihrer eigenen Zeit zurück. Die erotische Sprache, die sie hier findet, bietet ihr einen Wort-Schatz, den sie reichlich nutzt. So heißt es über die Liebe Gottes zur Seele: Gott „umarmt die Seele im edlen Wohlgefallen seiner Liebe, er grüßt sie mit seinen zärtlichen Augen, wenn sich die Liebenden wahrhaft schauen. Er durchküßt sie mit seinem göttlichen Munde, wohl dir, ja mehr als wohl, ob der überherrlichen Stunde! Er liebt sie mit aller Macht auf dem Lager der Minne, so kommt sie in die höchste Wonne und in das innigste Weh, wird sie seiner recht inne." (Mechthild von Magdeburg 1995, II-23) Gott küsst die Seele nicht einfach, sondern „durchküsst" sie – ein Kuss, der durch und durch geht, der alle Fasern des Körpers und der Seele durchdringt. Weil Mechthild auf der Suche nach einer neuen Gottessprache ist, schreibt sie Liebeslyrik, die ihr auch heute noch einen Platz in der Weltliteratur sichert. Herausgefordert vom Versagen der Sprache, wird sie zur Troubadoura der Gottesminne.

Mechthild steht vor dem Problem, dass Gott nicht sichtbar, nicht hörbar, nicht fühlbar, aber dennoch die entscheidende Macht ihres Leben ist. Wie kann dieses Unerhörte Gehör finden und zu Wort kommen? Um dieses Paradox zu bewältigen, braucht Mechthild Metaphern. Der alltäglichen, selbstverständlich gebrauchten Sprache fehlt die offenbarende Kraft, die dem Gottesnamen innewohnt. Wenn sie in ihren gewohnten Bahnen bleibt, kann in ihr das Geheimnis des Lebens nicht erklingen. Damit sie wieder beweglich wird und ins Fließen kommt, sucht Mechthild Zeichen, die die gewohnte Sprache aufbre-

chen. Im Blick auf Meister Eckhart spricht die Literaturwissenschaft-
lerin Susanne Köbele hinsichtlich der Mystik von „Sprengmetaphern".
Sie wollen „das nicht-begreifende Begreifen des Unbegreifbaren" (Köbele 1993, 60) benennen und greifen daher zu den besagten scharfsinnigen Dummheiten. Deren Sprengkraft öffnet die Erstarrung metaphorischer Gottesrede, so dass selbst die „toten" Metaphern der tradierten
religiösen Sprache wieder lebendig werden. Damit das Unsagbare zu
Wort kommt, verwendet die Mystik Sprachbilder, die überhaupt nicht
passen, aber dennoch den Nagel auf den Kopf treffen. Dieses Paradox
des Unpassenden, das genau passt, ist möglich, wenn die Metapher
fremde Welten wirklich miteinander verbindet und eine tragfähige
Brücke herstellt. Gerade die Überschreitung in dem Bogen, den die
Metapher spannt, gibt dem Unsagbaren den Raum, den es zum Leben
braucht. Damit löst es auch das Problem der Linearität von Sprache.
Die Sprache ist auf das Nacheinander der Worte angewiesen, aber die
Mystik will gerade die Berührung und das Ineinanderfließen von Gott
und Seele benennen. In der Aufeinanderfolge von Worten kann das
Ganze entgleiten. Aber in der Metapher, die aufgrund ihrer scharfsin-
nigen Dummheit aufhorchen lässt, wird das hörbar, was im Schweigen
zwischen den Zeilen spricht. Hierin liegt die Kraft von Metaphern der
Mystik. Sie schaffen eine Brücke, die in das Unfassbare hinausgreift.
Zugleich verhüten sie, dass das Unbegreifliche als verfügbar auftritt.
Die Fremdheit der Überschreitung erzeugt eine Leerstelle, in der das
Schweigen wohnt.

Mechthild greift auf eine Sprache zurück, die nicht aus dem religiösen Bereich stammt, sondern aus dem der zwischenmenschlichen
Erotik. Ihre Metaphern vollziehen eine Überschreitung in das Unsagbare hinein und eröffnen so einen neuen Lebensraum im Wort. Die
Mystikerin setzt auf Askese und Keuschheit und spricht zugleich eine
Sprache, die vor Erotik sprüht. Diese Tatsache verdankt sich nicht einer heimlichen Liebesbeziehung. Wer Letzteres vermutet, hat nicht
begriffen, was eine Metapher ist. Mechthild liegt nichts ferner, als die
Sexualität menschlicher Beziehungen zu beschreiben. Metaphern bringen *etwas anderes* ins Wort, nicht *dasselbe*. Indem sie das verbinden,
was scheinbar unvereinbar ist, machen sie etwas Fremdes benennbar.
Dieses Fremde ist nicht die zwischenmenschliche Sexualität, sondern

das fließende Licht der Gottheit, das sich als das Geheimnis des Lebens offenbart. Das Unähnliche spannt den Bogen weit und bringt das ins Wort, was unfassbar ist. Aber was macht die Erotik zu einem Wortschatz, der für die Mystik so gut zu brauchen ist? Worin besteht das Scharnier der Überschreitung?

Die Verwendung erotischer Sprache für religiöse Erfahrungen verweist auf eine tiefe Verbindung von Religion und Erotik. Sie liegt in der Erfahrung, dass die Liebe das Leben in aller Macht aufbrechen lässt. Der Mystik ist die Liebe das Allerheiligste im Leben. Und das Leben, die wache Lebendigkeit, ist umgekehrt das Allerheiligste der Liebe. Für die Erotik ist dies offensichtlich. Sie entspringt dem Verlangen, die eigene Lebendigkeit zu spüren und alle Grenzen zu überschreiten, die daran hindern. Sie will die pure Gegenwart in höchstmöglicher Intensität, ohne sich darum zu scheren, welche Folgen dies haben wird. Sie ist darauf aus, alle vorhandene Energie in einem Augenblick zu verschwenden. Erotik ist wesentlich „Ekstase", Heraustreten aus sich selbst, Überschreitung. In diesem Punkt sind Erotik und Mystik verbunden. Mystik ist eine ekstatische Form des Lebens. Die Mystikerin will in der Gottesliebe die Überschreitung auf einen Horizont hin, der alle Grenzen übersteigt und sie mit dem vereinigt, was unendlich ist: „Ich bin in dir, du bist in mir, wir können einander nicht näher sein, denn wir sind beide in eins geflossen und sind in eine Form gegossen" (Mechthild von Magdeburg 1995, III–5). Wer aber das Leben will in seiner höchsten Intensität, geht bis an seine Grenze – und begegnet dort zwangsläufig dem Tod. Dies ist eine Erfahrung, die der Mystik und der Erotik gemeinsam ist. Wie die erotische Ekstase markiert auch die religiöse Transzendenz die *Überschreitung*.

Religion und Erotik sind elementare Erscheinungsformen des Lebens, die eng miteinander verbunden sind. Sie rufen eine Energie hervor, die außerordentlich wirksam, aber kaum zu steuern ist. Sie setzen Menschen in Bewegung und können ganze Gesellschaften von Grund auf neu bestimmen. Die Macht sowohl von Religion als auch von Erotik ist beides zugleich: höchst verheißungsvoll, aber auch äußerst gefährlich. Menschen erhoffen sich das höchste Glück, aber fürchten zugleich das Unglück und die völlige Vernichtung. Wer sich der Erotik oder der Religion anheimgibt, muss mit dieser alles mitreißenden

Kraft rechnen. Sie kann beflügeln und überschwängliche Schöpfungskraft hervorrufen. Sie kann aber auch Leben vernichten und in den Abgrund führen. Denn hier ist die Macht des Heiligen am Werk, und diese Macht „läßt sich nicht zähmen, nicht auflösen, nicht spalten. Sie ist unteilbar und, wo immer sie in Erscheinung tritt, ein Ganzes." (Caillois 1988, 23)

Das Metaphernscharnier zwischen Erotik und Mystik liegt in der Liebe zum Leben, die *das fließende Licht der Gottheit* beleuchtet. Die Liebe ist kein Gegenstand, den jemand in den Griff bekommen könnte, sie bleibt unverfügbar wie das Aufleuchten des Morgensterns. In der taumelnden Trunkenheit, in der brennenden Sehnsucht, in der alles überflutenden Ekstase der Mystikerin verkörpert sich die überwältigende Macht des Heiligen, die die Liebe verkörpert. In der unerhörten Stimme, die im Schweigen zu ihr spricht, bricht sich das Leben Bahn. Denn Gott „*liebkoset*" die Seele der Frau und ruft: „Du bist mein überaus sanftes Lagerkissen, mein innigstes Minnebett, meine heimlichste Ruhe, meine tiefste Sehnsucht. Du bist eine Lust meiner Gottheit, ein Durst meiner Menschheit, ein Bach meiner Hitze." (Mechthild von Magdeburg 1995, I–19) Es entspannt sich ein Wortwechsel, der die Quelle der Liebe erschließt. Die unerhörte Liebkosung Gottes im Wort befreit die Seele aus ihrem ohnmächtigen Verstummen und setzt den Wortfluss in der Lust am Leben frei. Die Mystikerin stimmt das Hohelied der Gottesliebe an. Sie preist die Kraft der Minne in allen Farben und Tönen, mit allen Bildern und Metaphern, die ihr der Wortschatz der Erotik zur Verfügung stellt. Aber die Verbindung von Erotik und Religion, die Mechthilds Sprache konstituiert, ist ein kühnes metaphorisches Unterfangen. Im Überschwang der Liebe wird hier die weibliche Seele sogar als „Lust der Gottheit" bezeichnet. Die Kühnheit dieser Metapher zeigt sich im Gegenüber zur Scholastik, die sich der griechischen Philosophie anschließt und mitunter eher zu der Vermutung neigt, dass die Frau eine Art missratener Mann sei (vgl. Thomas von Aquin, STh I, 99, 2 ad 1 und 2 sowie I, 92, 1 ad 1). Im Wechselgesang der Mystik zeigt sich jedoch, dass die Seele der Frau kein Fehlschlag der Schöpfung ist, sondern eben besagte *Lust der Gottheit*. Die Metapher Mechthilds sprengt die Geschlechtertypologie der Scholastik auf und verhilft dem Leben der Mystikerin zum Durchbruch.

Der Wortschatz der Erotik bietet sich geradezu an, wenn es darum geht, das Unfassbare und Überwältigende der Lebensmacht Gottes ins Wort zu bringen. Am Abgrund des Todes dokumentiert die Erotik leidenschaftlich den Aufstand des Lebens. Leben heißt, sich verschwenden, alle Kräfte verausgaben und sich hingeben an das, was Wachstum und Glück verheißt. Die Mystik folgt diesem Prinzip der Erotik, dem Elixier alles Lebendigen. Um das Allerheiligste des Lebens, die göttliche Liebe, beim Namen zu nennen, nimmt sie den Wortschatz der Erotik zu Hilfe. „Die Liebe strömt durch die Sinne und stürmt mit allen Kräften auf die Seele ein. Wenn die Liebe in der Seele wächst, hebt sie sich mit großem Verlangen auf zu Gott, und zerfließend weitet sie sich für das Wunder, das über sie hereinbricht. Sie schmilzt durch die Seele in die Sinne. Daher gewinnt auch der Leib seinen Teil, so daß er durch die Liebe in allem geformt wird." (Mechthild von Magdeburg 1995, V–4) Die Liebe, die durch die Seele und alle Sinne strömt, ist die einzige Macht, die dem Tod zu widerstehen vermag. Sie weckt das Leben und bringt es selbst dort zum Blühen, wo zuvor die Macht der Zerstörung am Werk war.

Die Mystikerin besingt das Unsagbare der göttlichen Minne – die Sehnsucht und Lust, die Hoffnung und Gefahr, den Schmerz und die Freude einer Liebesbeziehung, in der sich das Leben selbst verkörpert. In dem Bogen, den ihre Metaphern spannen, eröffnet sie den Lebensraum einer neuen Sprache. Mechthild ist eine Meisterin erotischer Metaphern, die sie auf ihren Gottesgesang hin überschreitet. Die Herausforderung zur Gottesrede, vor der die Begine steht, erfordert Sprachschöpfungen, die dem Leben mitten in seiner Zerbrechlichkeit zum Durchbruch verhelfen. Die Metaphern der Mystik setzen Zeichen, in denen das Verstummte erhört wird und das Unsagbare spricht. Sie setzen die Lebensmacht des Unsagbaren frei, das der Verstummten zum Gesang des Lebens verhilft.

2.3.3 *Das unaustrinkbare Licht* – die erhellende Lebensmacht Gottes

Die christliche Gottesrede lebt aus Metaphern, weil diese Sprachform das Unbegreifliche als unbegreifbar auf den Begriff zu bringen vermag. Das Hochmittelalter bedient sich vor allem der Lichtmetaphorik, um im Versagen der Gottesrede sprachfähig zu werden. Auch hier ist die geschichtliche Realität Brückenpfeiler der Gottesmetaphern. „Gott ist Licht" – dies ist die Erfahrung einer ganzen Epoche.[26] Sie geht Hand in Hand mit dem Übergang von der Romanik zur Gotik. In der Romanik waren die Gotteshäuser rund und dunkel, sie boten Schutz und Geborgenheit. In der Gotik hingegen, der sich durch den Kontakt mit der arabischen Kultur die Mathematik der griechischen Antike erschloss, strebt die Architektur zum Himmel. Sie wird schlank und leichtfüßig. Licht fließt in überströmender Fülle in die heiligen Orte ein. Die dicken Mauern der Romanik werden nun von Fenstern durchbrochen, sie werden durchlässig und verschaffen dem Sonnenlicht Zutritt. „Alle Scheidewände fallen, alles, was dem Strom und Rückstrom der göttlichen Ausstrahlung im Wege stehen könnte, verschwindet." (Duby 1997, 177) Der Eindruck wird verstärkt durch die kunstvolle Glasmalerei, die dem Licht Farbe verleiht. Die Farbe wiederum macht Bewegung sichtbar. Das Licht der heiligen Orte ist in Bewegung, es fließt und erstrahlt in buntem Tanz leuchtender Farben. Es verwandelt die Kirche in „ein Strahlenmeer, das in Kaskaden herabstürzt" (Duby 1997, 175). Mit der Architektur wird hier zugleich die Lebensform der Romanik überschritten. Besonders für Menschen des 13. Jahrhunderts, die aus den Weilern außerhalb der Städte kommen und nur das ländliche Leben in dürftigen Hütten kennen, muss der Eindruck überwältigend gewesen sein, wenn sie zum ersten Mal eine gotische Kathedrale betraten. Hier drängt sich die Metapher „Gott ist Licht" geradezu auf. Sie dringt mit jedem Blick der Augen ins Innerste der Menschen vor und schreibt sich in ihr Leben ein. Das Licht des Himmels wird sinnlich erfahrbar, denn es durchflutet den Kirchenraum.

An der Lichtmetaphorik des Mittelalters wird deutlich, wie die Sprache des Körpers sprachfähig macht in der Gottesrede. Die Lichterfahrung der gotischen Architektur eröffnet ein sich weitendes Metaphernfeld, das die Offenbarung Gottes als Erleuchtung vor Augen führt. Gott erleuchtet das menschliche Wort und bringt Licht in die Finsternis des Lebens. Mechthild von Magdeburg beschreibt dieses Licht als fließend und macht dies im Titel ihres Werkes zur Leitmetapher: „Das fließende Licht der Gottheit". Zunächst mag man annehmen, dass nicht das Licht fließt, sondern das Wasser. Aber die farbenfrohe Bewegung in einer

Kathedrale zeigt, dass auch das Licht fließt. Es ist in Bewegung, und es ist in der Lage, selbst durch kleine Risse und Lücken hindurchzudringen, ohne Gewalt anzuwenden. Das Licht der Gottheit fließt. Es vermag selbst in die finsterste Finsternis des Lebens zu gelangen.

Die Erkenntnis, dass Licht fließt und dass damit die Offenbarung Gottes benannt werden kann, lag in der Gotik quasi in der Luft. Auch Thomas von Aquin greift die Lichtmetaphorik auf und stellt heraus, dass das einzig wahre Licht das Licht der Offenbarung ist. Dieses Licht aber leuchtet in der Finsternis. „Lux in tenebris lucet" – diese Feststellung ist zugleich sein Bekenntnis. Denn Menschen sind in Sackgassen gefangen, in Halbwahrheiten verhaftet, in Lüge und Irrtum verstrickt. Als Geschöpfe können sie die Ordnung der Welt und ihre Gesetze, die aus der Hand des Schöpfers stammen, nur sehr begrenzt durchschauen. Das IV. Laterankonzil hatte 1215 zu seiner klassischen Formulierung der *analogia entis* gefunden: „Inter creatorem et creaturam non potest tanta similitudo notari, quin inter eos sit dissimilitudo notanda" – „Denn zwischen dem Schöpfer und dem Geschöpf kann man keine so große Ähnlichkeit feststellen, daß zwischen ihnen keine noch größere Unähnlichkeit festzustellen wäre." (Denzinger/Hünermann Nr. 806) Das Unähnliche überschreitet bei weitem das Ähnliche. Aber gerade weil es diese Differenz zwischen Schöpfer und Geschöpf gibt, ist die Offenbarung Gottes unerschöpflich. In der Finsternis menschlichen Nichtwissens, in der Dunkelheit dessen, was der Mensch zu sagen versteht, ist die Offenbarung Gottes eine notwendige Erleuchtung.

Josef Pieper hat 1953 in seinem Artikel über „Das negative Element in der Weltansicht des Thomas von Aquin" unter dem Stichwort „Unaustrinkbares Licht" deutlich gemacht, dass auch und gerade der Scholastiker Thomas, der die Theologie als Wissenschaft begründet, an die Grenze des Sagbaren stößt. Pieper bezeichnet das Unsagbare als „unsichtbaren Notenschlüssel" (Pieper 2001, 113) dessen, was Thomas zur Sprache bringt: „Daß die Erkenntniskraft die Dinge erreicht, dies erweist sich gerade darin, daß sie in den unauslotbaren Abgrund des Lichtes gerät." (128) Im Anschluss an Thomas von Aquin führt er die Lichtmetaphorik hier in einer bemerkenswerten Metapher weiter: Gott ist „das unaustrinkbare Licht".[27] Mit dieser Benennung kommt eine weitere scharfsinnige Dummheit zu Gehör. Licht ist gar nicht trinkbar.

Kein Mensch kann ein Glas nehmen, Licht einfüllen und es austrinken. Aber das spezielle Licht, um das es in der Offenbarung geht, ist nicht nur trinkbar, sondern sogar unaustrinkbar. Zunächst wird damit die Konsequenz gezogen, dass das, was flüssig ist, auch trinkbar sein kann. Beim Gotteswort ist dies in besonderem Maß der Fall. Menschen können das Wort Gottes aufnehmen, es in sich hinein fließen lassen, damit es Geist und Körper und alle Lebensbereiche durchdringt. In der Metapher vom unaustrinkbaren Licht fließt die Intensität sinnlicher Erfahrungen ein, z.B. wenn jemand nach einem langen dunklen Winter in einer gotischen Kathedrale steht, die von der Frühlingssonne lichtdurchflutet ist, und das neue Licht begierig in sich aufnimmt und es durstig trinkt. Dabei braucht niemand zu befürchten, zu kurz zu kommen. Denn jedes irdische Licht vergeht. Doch dieses eine Licht, von dem in der Theologie die Rede ist, wird niemals verlöschen. Es ist *unaustrinkbar*. Damit spielt die Metapher zugleich auf den unauslöschlichen Durst nach Leben an, der Menschen vorantreibt. Dieser Durst ist durch nichts zu stillen. Aber diesem unauslöschlichen Durst der Menschen kommt das Licht der Gottheit entgegen, das unaustrinkbar ist.

In der Metapher vom *unaustrinkbaren Licht* schreibt sich das in die Sprache ein, was sich nicht sagen lässt. Hier wird deutlich, „daß des Menschen Grund der Abgrund ist; daß Gott wesentlich der Unbegreifliche ist; daß seine Unbegreiflichkeit wächst und nicht abnimmt, je richtiger Gott verstanden wird, je näher uns seine ihn selbst mitteilende Liebe kommt" (Rahner 1966, 22f). In der Lichtmetaphorik berührt die Scholastik die Mystik als jene Zunft der Theologie, die das Verschwiegene der Gottesrede betont. Zunächst zielt die Scholastik auf die Rationalität der Gottesrede, die es argumentativ einzuholen gilt und die in streng gegliederten Traktaten bearbeitet, eben „traktiert" wird. Gotteserfahrungen aber sind grenzüberschreitend. Das zeigt sich auch in der Theologie eines gewieften Scholastikers. So ist es nicht verwunderlich, aber doch bemerkenswert, dass die klassische Definition der Mystik als „cognitio experimentalis de Deo" auf die Scholastiker Thomas von Aquin und Bonaventura zurück geht. Wo das zur Sprache kommt, was alle Worte übersteigt und damit auch überfordert, meldet sich das Geheimnis des Lebens zu Wort. Es schreibt sich als Verschwiegenes in die Metaphern der Sprache ein.

Gottesmetaphern weisen über die Möglichkeiten der Sprache hinaus. Sie besagen, dass es etwas Verschwiegenes gibt, das sich der menschlichen Sprache entzieht. Es kann nicht in einem Zugriff benannt werden. Aus diesem Grund ist die Metapher die bevorzugte Sprachform in der Vergegenwärtigung und Erneuerung der Gottesrede. Sie ist eine Bewegung der Sprache über sich selbst hinaus, ein „Darüberhinauswerfen", das in das Transzendente hinein Lebensraum eröffnet. Die Sprache des Glaubens kommt hier als belebendes Schweigen zu Gehör. So wird das unaustrinkbare Licht zur Metapher, in der Gott als das Geheimnis des Lebens aufleuchtet.

3. Die Verschwiegenheit Gottes in heutiger Zeit: Den Bogen des Unsagbaren spannen im Lebensraum Wort

Die Geschichte der christlichen Gottesrede ist ein metaphorischer Prozess, der das unsagbare Geheimnis des Lebens in den Zeichen der eigenen Zeit zu erschließen versucht. In den vorigen Kapiteln wurden markante Stationen dieses Weges beleuchtet, der mit dem Buch der Bücher im Rücken beschritten wird. Der „*heliand*" markiert die Überschreitung des Evangeliums in eine fremde Kultur, in einen fremden religiösen Sprachraum, der zugleich etwas Neues an der eigenen Tradition freilegt und Christus als Heiland entdeckt. Im 13. Jahrhundert setzt die Mystik ein Zeichen des Aufbruchs, indem sie *die* Lebensmacht zur Sprache bringt, die die Finsternis des Lebens mit ihrem fließenden Licht erhellt. Etwa zeitgleich wird Thomas von Aquin mitten in der Rationalität der Scholastik mit der Unsagbarkeit des unaustrinkbaren Lichts konfrontiert. Drei markante Wendepunkte – die Überschreitung der sächsischen Kultur ins Christentum hinein; die Armutsbewegung mit ihren unerhörten Gottesfragen; Gravuren der Mystik in der Scholastik.

Am Beginn des 21. Jahrhunderts vollzieht sich in der Gottesrede erneut ein Umbruch. Die Kirche sieht sich und die Gesellschaft einem Prozess der Säkularisierung ausgesetzt, der ihr die Sprache verschlägt. Die Jugend läuft ihr davon. In der 13. Shell Jugendstudie von 2000 heißt es lapidar: „Insgesamt haben wir eine Entwicklung hinter uns, die den (christlichen) Kirchen wenig Chancen beläßt, unter den derzeitigen Bedingungen und in den bisherigen Formen Einfluß auf die junge Generation zu gewinnen." (Jugend 2000, 21) Der schweigende Auszug junger Menschen und das lautlose Fehlen der mittleren Generation in der Kirche sprechen ihre eigene Sprache. Die Gemeinden vor Ort haben Schwierigkeiten damit, die Lebensmacht des Gotteswortes in der heutigen Zeit zu benennen. Vielerorts macht sich Sprachlosigkeit breit. Die alte Generation weiß nicht, wie sie der jungen Generation ihren Glauben benennen kann, der ihr doch so viel wert ist. Sie verstummt unbemerkt. Die junge Generation wiederum findet sich nicht zurecht in den verschiedenen Sprachwelten, mit denen sie konfrontiert wird und die nicht miteinander kompatibel zu sein scheinen. Für die Kirche ist die Erfahrung schmerzlich, mit einem reichen Sprachschatz in Händen sprachlos zu werden. Diese Erfahrung lässt verstummen, bevor überhaupt ein Wort gesagt ist. Das Scheitern in der Rede von Gott ist ein Stachel im Fleisch der heutigen Theologie. Ihre Sprachfähigkeit in Gottesfragen steht auf dem Spiel und hat sich zu bewähren.

Aber wie die Mystik zeigt, hängen das Verstummen, der Lebensraum des Schweigens und das Entstehen einer neuen Sprache eng zusammen. Vielleicht kommt es zu Brüchen in der Gottesrede, weil etwas Neues aufbrechen will? Der Entstehungsort neuer, zugkräftiger Metaphern ist das Verstummen. Wo die Sprache in Gottesfragen versagt, sind Metaphern gefragt, die dem Gotteswort in der Gegenwart neuen Lebensraum eröffnen. Metaphern sind das Werkzeug der Sprache, das einen Bogen in das Unsagbare hinein zu spannen vermag. Sie bilden Sprachbrücken in unbekanntes Land. In heutiger, postsäkularer Kultur sind solche Überschreitungen besonders notwendig. Denn die postsäkulare Kultur versteht sich selbst nicht religiös, hat aber für religiöse Fragen durchaus ein offenes Ohr. Dies erfordert von Seiten der Theologie eine grenzüberschreitende Sprachfähigkeit. Um solche Sprachfähigkeit zu erlangen, sucht die Theologie Orte auf, wo Menschen mit dem Verstummen ringen und hier die Lebensmacht des Gotteswortes erfahren. Drei solcher Orte werden im Folgenden auf ihre Aussagekraft in heutigen Gottesfragen hin befragt. Es sind exemplarische Orte, an denen sich metaphorische Prozesse ereignen und die eingeschliffene Gottesrede Erneuerung erfährt: die Stimme des Friedens im Herbst '89; Gottesmetaphern in der Frauenbewegung; und die verschwiegene Gottesrede in der Literatur am Beispiel Ingeborg Bachmanns.

3.1 Schwerter zu Pflugscharen – die visionäre Kraft des Friedens und der Fall der Mauer im Herbst '89

Ein signifikanter Ort der Gottesrede in postsäkularer Kultur ist die Friedensfrage. Seit dem gewaltsamen Tod Jesu und der gewaltüberwindenden Antwort Gottes in der Auferstehung ist sie dem Christentum eingeschrieben. Im 20. Jahrhundert verschafft sie sich an einem brisanten politischen Ort erneut Gehör: in der Wendezeit am Ende der DDR. Hier eröffnet die biblische Tradition mit ihren zugkräftigen Friedensmetaphern eine Sprache, die der Bedrohung von Gewalt zu widerstehen vermag. Im Herbst 1989 ereignet sich in den Kirchen vieler großer und kleiner Städte Ostdeutschlands ein erstaunliches Phänomen. Gerade da, wo die Tradition christlicher Gottesrede abgebrochen war, findet sie Gehör. Sie weckt Interesse bei denen, die zuvor nichts davon wissen wollten. Sie versetzt Menschen zu Tausenden in Bewegung und bringt sie sogar dazu, um des Friedens und der Erneuerung willen das eigene Leben zu riskieren. Es ereignet sich eine atemberaubende Vergegenwärtigung der biblischen Botschaft. Das Wort Gottes verhallt nicht gleichgültig, sondern fällt auf fruchtbaren Boden. Was aber macht diesen Umschwung, dieses unerhörte Ereignis aus? Und was kann die heutige Theologie für ihre Gottesrede daraus lernen?

3.1.1 Die Zugkraft biblischer Metaphern in der Friedensbewegung

„Schwerter zu Pflugscharen" war das Motto der christlichen Friedensbewegung, die in den achtziger Jahren des letzten Jahrhunderts den totalitären DDR-Staat ins Wanken brachte. 1983 beim evangelischen Kirchentag in Wittenberg hat der Kunstschmied Stefan Nau eindrücklich vor Augen geführt, wie das geht, Schwerter zu Pflugscharen zu machen. Heute noch ist dies in Fotos dokumentiert (vgl. Bronk 1999, 328): Vor einem großen Feuer greift der Schmied zum Hammer und zeigt, dass dieses Wort nicht leer ist, sondern eine mögliche Realität verkörpert. Schwerter lassen sich zu Pflugscharen umschmieden.

In dieser Zeichenhandlung von Wittenberg verkörpert sich ein komplexer metaphorischer Prozess. An seinem Beginn steht ein Zitat aus dem Buch des alttestamentlichen Propheten Jesaja.[1] In dessen zweitem Kapitel wird Juda und Israel in einer großen Vision die Verheißung zugesprochen: „Dann schmieden sie Pflugscharen aus ihren Schwertern und Winzermesser aus ihren Lanzen. Man zieht nicht mehr das Schwert, Volk gegen Volk, und übt nicht mehr für den Krieg." (Jes 2,4b.c)[2] Jesaja zeigt sich hier als sprühender Visionär, der äußerst geschickt mit Metaphern zu arbeiten versteht. Er prangert die Missstände seiner Zeit mit scharfer Zunge an. Aber zur Prophetie gehört es auch, die Zeichen der Hoffnung zu benennen, die sich in einer ausweglos scheinenden Situation zeigen. Prophetie ist die Kraft, das zu sehen, was in seinen Anfängen noch verborgen, aber schon da ist. Sie verweist auf Handlungsperspektiven, die bisher nicht im Blick waren und die in einer bedrängenden Situation aufatmen lassen. Jesaja eröffnet in seiner Verheißung einen solchen Blickwinkel. Schwerter sind zum Kämpfen geschmiedet worden und bringen den Tod. Aber sie können umgeschmiedet werden zu Pflugscharen, die dem Leben dienen. Auch Lanzen sind tödliche Waffen. Aber sie können umgeschmiedet werden zu Winzermessern, die den Weinberg pflegen.

In der Verheißung des Jesaja sind Pflugscharen und Winzermesser mehr als Werkzeuge, die den Menschen bei ihrer Arbeit zur Hand gehen. Sie sind Zeichen einer Überfülle an Leben, die im Krieg undenkbar, in Friedenszeiten jedoch möglich ist. Eine solche Überfülle an Leben ist den Menschen verlockend. Dennoch fällt es ihnen unendlich schwer, die Friedenszeit herbeizuführen, die hierzu notwendig ist. Nicht nur in der Zeit des Jesaja sind Gewalt und Krieg übermächtig. Immer wieder greifen Menschen zur Waffe. Sie wollen ein Machtwort sprechen, das die andere Seite endlich zum Schweigen bringt. Aber wo der Hass ausbricht, wittert die Gewalt ihre Chance. Sie ist ansteckend und verbreitet sich mit wachsender Geschwindigkeit. Sie ergreift alle, die ihr im Weg stehen, und schmiedet sie zu ihrem Werkzeug um. Gewalt ist heimtückisch. Wer denkt, sie wohldosiert zu eigenen Zwecken gebrauchen zu können, wird ihr erstes Opfer. Nicht die Gewalttäter haben die Gewalt in Händen, sondern die Gewalt hat die Menschen in der Hand.

Weil die Gewalt in einer sich immer schneller drehenden Spirale gefangen hält, ist der Widerstand gegen sie so schwierig und anstrengend. Die Ausübung von Gewalt, das Zuschlagen und Niedertreten, braucht Kraft. Aber das Ringen um den Frieden braucht noch mehr, es erfordert geradezu übermenschliche Kraft. Menschen fühlen sich davon überfordert. Im Tunnelblick der Gewalt fallen sie der Resignation anheim. In einer solchen Situation hat der Visionär die Aufgabe, die verborgene Gegenwart jener Kraft aufzuweisen, die in der Lage ist, Frieden zu schaffen – jenen „Frieden Gottes, der alles Verstehen übersteigt", wie der Apostel Paulus später schreibt.[3] Jesaja versichert den Verzagten, dass Frieden möglich ist. Denn im Frieden ist eine Kraft am Werk, die größer ist als die Schwachheit der Menschen. Sie spricht Recht, schafft Gerechtigkeit (Jes 2,4a) und wendet das, was dem Krieg dient, auf den Frieden hin. Was zunächst mit Gewalt und Tod droht, wird in dieser anderen Ordnung der Dinge zum Zeichen des Friedens.

Die Vision des Jesaja kulminiert im Bild der umgeschmiedeten Pflugscharen. Sie werden zum Zeichen, das über sich selbst hinaus auf den Schalom Gottes weist. Sie sind Metaphern des Schalom, den Menschen zwar nicht machen, zu dem sie aber sehr wohl beitragen können. Und das ist in einer gewaltbedrohten Situation entscheidend. Auf denen, die an der Vision des Jesaja teilhaben, lastet nicht die gesamte Verantwortung für den Frieden. Aber sie werden befähigt, die Schritte auf den Frieden hin zu gehen, die in ihrer Situation möglich sind. Jesaja weiß offensichtlich, dass Menschen am Ende eines Krieges solche Umschmiedeaktionen durchführen. Nun greift er metaphorisch auf diese handfeste Arbeit zurück, um all die kleinen Schritte zu bezeichnen, die in der Gewalt Frieden stiften. Das Bestechende liegt in der Metapher darin, dass das Umschmieden eine ganz einfache Handlung ist, die aber große visionäre Kraft freisetzt. Es ist leichter, ein Schwert umzuschmieden, als neue Pflugscharen herzustellen. Mit der Verheißung der Friedenszeit vor Augen lenkt Jesaja den Blick auf die kleinen Schritte, die scheinbar unscheinbaren Handlungen, die das Werk des Friedens vorantreiben. Die Winzermesser und Pflugscharen bezeichnen damit nicht nur eine profane Handwerksarbeit, sondern bilden eine Brücke aus dem Herrschaftsbereich der Gewalt hinaus. Wo der Schalom Gottes am Werk ist, wird Frieden möglich.

„Schwerter zu Pflugscharen" – diese Metapher des Friedens stammt aus der Vision eines Propheten des Ersten Testaments. Sie ist so ausdrucksstark, dass sie selbst in einer Zeit zu wirken vermag, die im Kampf keine Schwerter und Lanzen mehr kennt. Auch in der DDR gab es solche Waffen nicht. Aber da es sich schon bei Jesaja um eine Metapher handelt, war die Überschreitung in die eigene Situation hinein nicht schwer. In Wittenberg wurde die Metapher als Zeichenhandlung inszeniert und im Rahmen einer „Schmiedeliturgie" zelebriert. Sie wollte „zeigen, wie man es macht, und zeigen, daß es geht – auch wenn es mühsam ist." (Schorlemmer 1992, 175)[4] Zunächst gehörte diese Aktion zur Friedensbewegung, die gegen die Kriegsdrohung zwischen West und Ost aufstand. Diese Friedensbewegung war an vielen Orten der DDR verwurzelt. Sie schuf Räume und übte Praktiken ein, die dann Ende der achtziger Jahre eine ganz neue und damit auch überraschende Relevanz erhielten. Hier tragen nun die alltäglichen, mühsamen Friedensaktionen ihre ersten greifbaren Früchte.

Die Frage der Gewalt wurde virulent, als 1989 in der DDR ein Umbruch in die eine oder andere Richtung zum Greifen nah kam. Sie rückte hautnah ins Zentrum, denn diejenigen, die im Herbst an den Friedensaktionen teilnahmen, waren akut von Gewalt bedroht. Dies wird heute schnell vergessen, wenn von der „gewaltfreien Revolution" gesprochen wird. Die Aktionen des Machtapparates waren keinesfalls gewaltfrei. Menschen wurden verhört und verprügelt, „zugeführt", d.h. verschleppt[5] und schikaniert, ihre Menschenrechte wurden rücksichtslos gebrochen. Die Dokumentationen der Ereignisse z.B. aus Wittenberg, Magdeburg und Leipzig sowie die vielen ungeschriebenen Erinnerungen derer, die auch an Orten mitmachten, die nicht im Rampenlicht der Öffentlichkeit standen, beschreiben diese bedrängenden Versuche der Einschüchterung nachdrücklich. Es brauchte ungeheuren Mut, um die Angst vor der drohenden Gewalt zu überwinden und Widerstand zu leisten. Dabei bedeutete Widerstand häufig Aktionen, die von außen vielleicht unscheinbar erscheinen – z.B. am Abend in den Dom zu gehen und am Friedensgebet teilzunehmen – die aber entscheidend waren, um eine Veränderung der Richtung herbeizuführen. Von diesen unscheinbaren Aktionen erzählt die Magdeburger Dokumentation „Anstiftung zur Gewaltlosigkeit. Herbst '89 in Magdeburg" (Beratergruppe Dom 1991). Auch Magdeburg war in dieser Zeit ein Ort heftiger Auseinandersetzung um die Zukunft der Gesellschaft. Ähnlich wie in Leipzig haben die Christinnen und Christen hier die Tradition der Friedensgebete genutzt, um sich für die gesellschaftliche Erneuerung stark zu machen. Traditionell waren die Friedensgebete im Dom am Donnerstagabend. Durch die Frage der Ausreise forciert, verlagerte sich der Schwerpunkt auf die gesellschaftliche Erneuerung, und es begannen die „Montagsgebete". Daraufhin setzte die Staatssicherheit die Menschen, die an den Gebeten teilnehmen wollten, unter erhöhten

Druck und steigerte die Repressalien ins Unerträgliche. Die Androhung von Gewalt war allgegenwärtig und versetzte die Menschen in
Angst und Schrecken. Nur wenige Monate zuvor waren die Proteste
am „Platz des himmlischen Friedens" in China brutal niedergeschlagen
worden. Diese Gewalt als Antwort auf Gewaltlosigkeit bestimmte in
der DDR zunächst die Ordnung der Dinge. Sie ging immer mit, wenn
sich Menschen zu den Friedensgebeten aufmachten.

In dieser bedrohlichen Situation war die Tradition „Schwerter zu
Pflugscharen" von großem Wert. Viele derjenigen, die von Anfang an
dabei waren, hatten die Zeichenhandlung von Wittenberg selbst mit-
erlebt oder hatten zumindest von ihr gehört – sie war ein vom Staat
verschwiegenes, aber in der Friedensbewegung umso leidenschaftli-
cher besprochenes Thema. „Schwerter zu Pflugscharen" durchbrach die
vorherrschende Ordnung der Dinge, die besagt, dass die Gewalt stärker
ist. Sie bewirkte eine Verschiebung des Blicks, die zunächst nur gering
schien, aber dem Fortgang der Dinge eine neue Richtung gab. In Wittenberg war handgreiflich vor Augen geführt worden, dass die Gewalt
nicht das letzte Wort hat. Der Glaube an die Möglichkeit des Friedens
wiederum ist notwendig, damit Menschen die Kraft aufbringen, auf
den Frieden hinzuwirken, und sich Taten einfallen lassen, die Frieden
stiften. In einer Zeit banger Fragen und bohrender Ratlosigkeit setzt die
Metapher der umgeschmiedeten Pflugscharen ein unübersehbares Zeichen dafür, dass die Wendung vom Krieg zum Frieden möglich ist. Die
Umschmiedung in Wittenberg lenkte die Aufmerksamkeit auf die kleinen Schritte, die den Weg des Friedens eröffnen. Diese kleinen Schritte
waren wenig später in der Wendezeit für die Menschen eine greifbare,
vordringliche Realität. Denn in ihrer Lebenswelt gab es viele Schwerter,
die es umzuschmieden galt. Das Motto „Schwerter zu Pflugscharen"
war ein Platzhalter für alle denkbaren Aktionen, für Gespräche und
Zeichenhandlungen, die Frieden stiften. Sie forderte dazu auf, nach
den Schwertern in der eigenen Lebenswelt Ausschau zu halten. Diese
im Blick zu behalten und sie handfest umzufunktionieren, war das A
und O der Friedensbewegung. Nur so konnte die Gewaltlosigkeit, die
sie sich auf die Fahnen geschrieben hatte, auch realisiert werden.

Mit dem Leitsatz „Schwerter zu Pflugscharen" im Kopf, ließen sich
die Menschen nicht abschrecken. Rückblickend beschreibt der Dom-

prediger Giselher Quast: „Wir hatten weiche Knie auf der Straße, aber wir sind erhobenen Hauptes gegangen! Wir haben eine beispiellose Hetzkampagne erlebt, aber wir sind am nächsten Montag wiedergekommen – fast doppelt so viel! Dieser Mut der Vielen hat einen flächendeckenden Überwachungsstaat wie ein Kartenhaus zusammenbrechen lassen. Ich denke, am 9. Oktober haben wir hier ein Wunder erlebt: die Macht der Ohnmächtigen, die Kraft der Schwachen!"[6] Den schätzungsweise 40.000 Bewaffneten in „großer Kampfausrüstung" hielten die Menschen im Dom Kerzen und grüne Bänder entgegen. Mit den Kerzen zündeten sie einen Lichtfunken in finsterer Zeit. Mit den grünen Bändern, 40 Zentimeter lang – ein Zentimeter für jedes Jahr der DDR –, setzten sie ein Zeichen der Hoffnung wider alle Hoffnung, auf dass die „rote Zeit" nun endlich zu Ende gehe.[7] Kerzen und grüne Bänder waren keine Zeichen der Macht. Aber gerade in ihrer Schwachheit wurden diese Zeichen mächtig. Am 9. Oktober, dem entscheidenden Tag der Gebete, herrschte über dem Geschehen der Schießbefehl. Er wurde nicht ausgeführt, die „Anstiftung zur Gewaltlosigkeit" setzte sich durch. Dabei war die Gewaltfrage nicht nur ein Problem der Kampfgruppen. Auch unter den Betenden wollte das Gefühl der Ohnmacht und das Bewusstsein der Unterlegenheit immer wieder in Gewalt ausbrechen. Die drohende Gewalt hatte eine ungeheure Präsenz und war mit Händen zu greifen. Ihr Ausbrechen hätte aber einen Teufelskreis ausgelöst und das Leben vieler Menschen aufs Spiel gesetzt. Dem hielten die Kirchen entgegen: Lasst die Hände nicht sinken in Mutlosigkeit. Der Friede wächst, auch wenn Einzelne zunächst ohnmächtig der Gewalt gegenüber stehen. Aber sie bringen jene leise Stimme zu Gehör, mit der sich der Schalom Gottes zu Wort meldet. Dieser Schalom ist die treibende Kraft in den Aktionen, die den Frieden herbeiführen. „Schwerter zu Pflugscharen" spricht daher vom Handeln der Menschen, zugleich aber auch von dem, was Gott in der Geschichte tut. Gott schmiedet Lanzen zu Winzermessern um. „Schwerter zu Pflugscharen" ist eine Gottesmetapher, die sein Handeln in der von Gewalt bedrohten menschlichen Geschichte bezeichnet.

Als Gottesmetapher eröffnete das Motto der Friedensbewegung die Möglichkeit, sowohl die Gewalt der anderen und als auch die eigene Gewalt in den Blick zu rücken. Wo ist es notwendig, dass Gott auch in mein eigenes, keineswegs immer friedfertiges Handeln eingreift und scharfe Schwerter zu Werkzeugen des Friedens wandelt? In der Wendezeit fanden dann verschiedenste Umschmiedeaktionen statt. Selbstverständlich gab es nach '89 viele Waffen zu verschrotten, die zuvor ihre Rolle im Kalten Krieg gespielt hatten. Aber das Umschmieden vollzog sich auch auf anderer, meist unspektakulärer Ebene, bevor solche großen Aktionen überhaupt möglich wurden. Kay-Ulrich Bronk erzählt in seiner Untersuchung „Der Flug der Taube und der Fall der Mauer" ein Beispiel, das ein so profanes Instrument wie das Mikrophon betraf. Das Mikrophon war vor der Wende in staatstragenden Reden der Politik als scharfe Waffe eingesetzt worden, die darauf zielte, die Wahrheit zum Schweigen zu bringen. Nun aber fassten sich Menschen in den Kirchen ein Herz, gingen nach vorne und wagten sich offen und ehrlich zu äußern. Damit schmiedeten sie die scharfe Waffe um, und es entstand das „offene Mikrophon", an dem die Wahrheit ungeschminkt zu Wort kam (Bronk 1999, 101). Allein die Bezeichnung „offenes Mikrophon" spricht Bände. Sie besagt, dass es auch geschlossene Mikrophone gibt, die besetzt sind, nicht zugänglich, die ausschließen und abdrängen. Aber nun werden diese Instrumente umfunktioniert zur „Klagemauer" (ebd.), an der berechtigte Unzufriedenheit, alles durchdringende Angst und die Hoffnung auf notwendige Erneuerung öffentlich zu Gehör kamen.

In dem Beitrag, den die christliche Friedensbewegung zur Wende geleistet hat, spielen Metaphern eine wichtige Rolle, denn im Herbst '89 erlangen sie eine ungeahnte Zugkraft. Das Leitwort „Schwerter zu Pflugscharen" wird von weiteren Metaphern flankiert, die die Brückenfunktion verstärken und ein starkes Friedensnetz knüpfen. Die Bibeltexte, die während der Gottesdienste vorgelesen, interpretiert und in die Fürbittgebete aufgenommen wurden, wirkten friedenstiftend. Auch hier kommunizierten die Metaphern miteinander. In einer Inszenierung in Wittenberg, wo Luther und Melanchthon befragt wurden, kamen die Posaunen von Jericho zum Einsatz: „Nun helfe uns Gott und gebe uns eine der Posaunen, mit denen die Mauern von Jericho umgeworfen wurden, daß wir diese auch umblasen" (Bronk 1999, 162). Es musste gar nicht erst gesagt werden, wo die Mauern von Jericho stehen, die es umzublasen gilt. Gegen Ende der Wendezeit rückte dann ein Psalm in den Mittelpunkt, der die Verheißung der Überfülle des Lebens, den der Friede ermöglicht, ins Bild bringt:

> „Als Jahwe das Los der Gefangenschaft Zions wendete, da waren wir alle wie Träumende. Da war unser Mund voll Lachen und unsere Zunge voll Jubel. Da sagte man unter den anderen Völkern: ‚Jahwe hat an ihnen Großes getan.'
> Ja, Großes hat Jahwe an uns getan. Da waren wir fröhlich.
> Wende doch, Jahwe, unser Geschick, wie du versiegte Bäche wieder füllst im Südland. Die mit Tränen säen, werden mit Jubel ernten. Sie gehen hin unter Tränen und tragen den Samen zur Aussaat. Sie kommen wieder mit Jubel und bringen ihre Garben ein." *(Psalm 126)*

Dass keine Spirale der Gewalt ausgebrochen ist, verdankt sich der Kraft der Gebete, deren Metaphern dem Frieden das Wort reden. In den Kirchen des Herbst '89 kam die Bibel mit ihrer Friedensbotschaft zum Tragen. Sie setzte der Gewalt der Herrschenden die Gewaltlosigkeit der Bedrängten entgegen. Den Mittelpunkt der Gebete bildete jeweils ein Bibelwort, das auf die eigene Situation hin ausgelegt wurde. Häufig wurde einfach die Tageslosung genommen – und es stellte sich heraus, dass sie auf die Situation passte, weil sie diese auf den Frieden hin erschloss. „Gott reißt dich aus dem Rachen der Angst in einen weiten Raum, wo keine Bedrängnis mehr ist." (Hiob 36,16) Dieses Wort stand am 2. Oktober, eine Woche vor dem Tag der Entscheidung, im Mittelpunkt. Es entfaltete seine Kraft zum gewaltfreien Widerstand in einer Situation, wo die Angst alles zu ersticken drohte. Hier zeigte sich: Die Rede von Gott hat in der Bedrängnis des Lebens eine ermächtigende Kraft. Sie war in den Gebeten wirksam und hat die Spirale der Gewalt durchbrochen. „Lass dir an meiner Gnade genügen; denn meine Kraft ist in den Schwachen mächtig." (2 Kor 12,9) An diese Kraft haben auch die Menschen geglaubt, die zuvor noch nie eine Kirche von innen gesehen hatten, die aus politischen Gründen gekommen waren und nun von der Botschaft des Schalom gepackt wurden. In dieser Situation von Angst und Ohnmacht entwickelte sich eine ganz neue Form des Gebets. Menschen, die mit der Form der Fürbitte nicht vertraut waren, standen auf und beteten. Sie verwendeten nicht die übliche Sprache der Liturgie, sondern fanden zu ihrer eigenen religiösen Sprache und trugen zur Erneuerung des Gebets bei.

Die Gewaltfreiheit, die im Herbst 1989 durchgesetzt wurde, ist eine Realisierung des Christentums, das an die friedenstiftende Kraft der Auferstehung Jesu Christi glaubt. Maria Magdalena hat am Leeren Grab nicht die Stimme der Rache gehört, sondern die Lebensbotschaft des Auferstandenen. Die Spirale der Gewalt, die die Rache produziert, wurde außer Kraft gesetzt. An diese Tradition knüpften die Gemeinden im Herbst '89 an. In einer Situation drohender Gewalt traten sie konsequent für Gewaltlosigkeit ein. Im Streben der Menschen nach gesellschaftlicher Erneuerung wurden sie Sprachrohr für die Stimme des Friedens. Sie haben der Stimme des Friedens Raum gegeben – und dies auch in einem ganz wörtlichen Sinn. „Das Dach der Kirche war besonders weit gespannt bei diesen Friedensgebeten und gab ihnen auch Schutz." (Zachhuber; Quast in: Beratergruppe Dom 1991, 11) Kirche fragte nicht nach dem Taufschein, sondern gab allen politischen Gruppierungen Raum, die sich friedlich für die Erneuerung der Gesellschaft einsetzten. Für die Ortsgemeinden war dies ein großes Wagnis. Aber nur so konnten sie ihre Botschaft vom Schalom Gottes vertreten und zur Gewaltlosigkeit anstiften. Die Kirche stellte die gesellschaftliche Erneuerung unter das Zeichen des Friedens. Damit wurde sie zur Botin Gottes. Denn in der Stimme des Friedens, die die Kirche zu Gehör bringt, macht sich Gott einen Namen – auch und gerade in einer Kultur, die mit dem Gottesnamen häufig nichts anzufangen weiß.

3.1.2 Gewaltlosigkeit im Alltag – die namenlose Stimme des Friedens

Die Wende im Herbst 1989 ist mittlerweile zu einem historischen Ereignis geworden, das leicht in weite Ferne rückt. Aber sie hat Zeichen gesetzt und Weichen gestellt, die für die heutige Gottesrede wegweisend sind. Der religiöse Sinn und die theologische Bedeutung der Ereignisse von damals sind noch lange nicht ausgelotet. Die Botschaft aus dem Herbst '89 lautet: Das Wort Gottes inkarniert sich in der Stimme des Friedens. Dies ist eine Spur, die in die Zukunft weist. Von ihr her ist die Frage neu zu stellen, wie Gott in postsäkularer Kultur zur Sprache kommt. Der Ort der Offenbarung Gottes ist heute nicht mehr so spektakulär wie in der Wendezeit, er steht nicht im Rampenlicht der

Öffentlichkeit und ist eher verborgen. Aber die Offenbarung selbst ist noch genauso entscheidend und wirksam. Sie geschieht im Alltag von Menschen, der geprägt ist von Angst und Gewalt, von Zerstörung und der Hoffnung auf neues Leben.

Die Gesellschaften Deutschlands und Europas befinden sich in einem tiefgreifenden Umbruch, der mit schmerzlichen Veränderungen verbunden ist. In Ostdeutschland besonders markant, aber auch darüber hinaus ist die Erwerbslosigkeit ein strukturelles Problem, das in ganzen Landstrichen zur Abwanderung junger Menschen führt. Resignation macht sich breit. Menschen in bedrängenden Wohnverhältnissen, die keine Erwerbstätigkeit haben; Frauen, die nicht wissen, wie sie ihren Kindern eine Zukunft eröffnen können; Männer, die fast daran zerbrechen, nicht mehr gebraucht zu werden – viele Menschen leben in einer Situation, wo die Anwendung von Gewalt naheliegend ist. Gerade die Erwerbslosigkeit als gesamtgesellschaftliches Phänomen ist eine Situation potentieller Gewalt. Beengende Wohnverhältnisse; der triste Ablauf des Tages, der zermürbt und alle Kräfte raubt; die Aussichtslosigkeit in der Mühe, doch noch eine Arbeitsstelle zu bekommen; das Ausgeschlossen- und Ausgegrenztsein von den sozialen Beziehungen, die die Arbeitswelt stiftet. Erwerbslose Menschen fühlen sich namenlosen Kräften ausgeliefert, ohnmächtig gegen übermächtige Strukturen der Ökonomie, zerrieben in der Mühle der Bürokratie. Sie sind einem hohen Druck ausgesetzt, der sie knechtet und in die Enge treibt. In einer solchen Situation ist es naheliegend, dass sich die Gewalt hemmungslos Bahn bricht – gegen die eigenen Kinder, den Lebenspartner oder die Partnerin, die Menschen im sozialen Umfeld, auch gegen Menschen aus anderen Ländern und anderer Hautfarbe. Rassismus und feindliches Verhalten gegen Ausländer und Ausländerinnen können sich leicht ausbreiten.

Es bedarf großer Anstrengung, in der alltäglich drohenden Gewalt, die sich lauthals zu Wort meldet, die leise Stimme des Friedens zu erhören. Dies gilt besonders dort, wo niemand Unterstützung leistet oder diese Anstrengung überhaupt wahrnimmt. Gewalt bricht nicht automatisch aus. Aber es ist schwer, ihrer Macht zu widerstehen. An dieser Stelle setzt die Botschaft vom Schalom Gottes an, die aus dem Glauben an die Auferstehung lebt. Die friedenstiftende Macht der biblischen Botschaft im Herbst '89 zeigt, dass sich das Wort Gottes in der Stimme des Friedens inkarniert. Das Gotteswort wird gegenwärtig und wirksam, wenn die Androhung von Gewalt außer Kraft gesetzt wird durch Aktionen, die Schwerter zu Pflugscharen umschmieden. Menschen, die in einer Situation drohender Gewalt auf die Stimme des Friedens hören, sind dem Wort Gottes auf der Spur. In diesem Zusammenhang liegt ein Schlüssel zu Gotteserfahrungen in postsäkularer Kultur. In Diskussionen über die Säkularität heutiger Menschen wird häufig von „Gottferne" gesprochen, davon, dass Menschen Gott in ihrem Leben nicht erfahren. Aber so stimmt dies nicht. Denn die Gottespräsenz hängt nicht davon ab, ob sie von Menschen wahrgenommen und benannt wird. Die Frage ist vielmehr, wo die Offenbarung des Gotteswortes heute geschieht. Die Tradition sagt zwar, dass die Offenbarung Gottes in Christus „abgeschlossen" sei.[8] Dies meint jedoch nicht, dass die Offenbarung nicht mehr zugänglich ist. Die Doppeldeutigkeit des Wortes „abgeschlossen" kann hier auf eine falsche Fährte locken. Vielmehr ist die Offenbarung in Christus so zur Fülle gekommen, dass Menschen auch heute noch an ihr partizipieren können. Die Offenbarung schließt also nicht zu, sondern auf. Sie eröffnet Lebensraum. Wo aber sind Orte dieser Offenbarung in heutiger Zeit? Wo tritt die Offenbarung in Erscheinung und wie kommt sie zu Wort?

Dass der Friede auch ein Sprachproblem ist und metaphorisches Geschick erfordert, zeigt sich in der Wirksamkeit des Gotteswortes in der Wendezeit. Um sich durchsetzen zu können, braucht der Frieden eine Stimme. Denn es gilt sowohl das zu benennen, was der Potenzierung der Gewalt dient und deswegen verschwiegen wird, als auch das, was Frieden eröffnet und bisher nicht zu Wort gekommen ist. Das Verstummte verschafft sich Gehör in Worten, die den Blick wenden, die neue Orientierung geben und aus der Spirale der Gewalt herausführen. Die Stimme des Friedens erfordert visionäre Sprachfähigkeit, die das Verschwiegene benennt und Überschreitung ermöglicht. Zu einer solchen Sprachfähigkeit ermächtigt das Wort Gottes, das die Lebensfülle des Schalom vor Augen führt. Wenn in drohender Gewalt Frieden möglich wird, ist das Wort Gottes am Werk. Damit ist der Friede ein Ort, an dem die Offenbarung in der Gegenwart zur Sprache kommt und Autorität gewinnt. Die Präsenz Gottes scheint auf und klärt Verhältnisse, die zuvor im Dunkeln lagen.

Dieser Zusammenhang hat Bedeutung für die Alltagsproblematik der Gewalt und für die Gottesrede in heutiger Zeit. Menschen erfahren die Gegenwart Gottes – auch diejenigen, die konfessionslos sind und den Gottesnamen nicht als Schlüssel eigener Lebenserfahrung begreifen. Diese erfahrene Gottespräsenz bleibt jedoch anonym, namenlos. Vielleicht nimmt dies niemand zur Kenntnis, vielleicht fragt überhaupt niemand danach. Wenn ihnen im unscheinbaren Alltag die Kraft zufließt, der Gewalt zu widerstehen und ihren Teufelskreis zu unterbrechen, erfahren sie das Geheimnis des Lebens als eine Macht, die den Frieden trotz allem gelingen lässt. Das Geheimnis des Lebens redet dem Frieden das Wort. Seine Stimme wird erhört, wo Schwerter zu Pflugscharen umgeschmiedet werden.

Die Anonymität von Gotteserfahrungen hat Karl Rahner in die theologische Debatte eingeführt. Die Anonymität Gottes im Alltag der Welt bezeichnet er als das absolute Geheimnis menschlichen Lebens.[9] Diesen Ansatz Rahners gilt es für die heutige Situation der Gottesrede weiter zu entwickeln. Menschen, die der drohenden Gewalt widerstehen und der Stimme des Friedens folgen, kommen mit dem Geheimnis ihres Lebens in Berührung. Sie werden zu Hörerinnen und Hörern des Gotteswortes. Ihr Alltag erhält eine neue Orientierung, er erschließt sich auf den Schalom hin, der die menschlichen Möglichkeiten übersteigt. Wo Menschen jedoch geradezu militant atheistisch sozialisiert wurden wie in der DDR, kommen sie gar nicht auf die Idee, diese Erfahrung mit Gott in Verbindung zu bringen. Ihr Gottesbegriff steht in diametralem Gegensatz zu der greifbaren Erfahrung, dass Frieden inmitten drohender Gewalt möglich ist. Nun wird es der Kirche nicht so schnell gelingen, den Menschen eine andere Leitmetapher zu Gott nahezubringen. Aber dennoch hat sie in der heutigen Welt eine wichtige Aufgabe. Ihr kommt es vom Evangelium her zu, Menschen in ihrer Erfahrung des Friedens zu unterstützen und den Glauben an seine Kraft zu stärken. Wo der Kirche dies gelingt, legt sie Zeugnis ab von ihrem Glauben an die Auferstehung, die die Spirale von Rache und Gewalt durchbricht.

Die Stimme des Friedens befreit Menschen aus der Ohnmacht des Verstummens hin zu der Macht, die das Leben stärkt. Menschen orientieren sich an den Zeichen, die der Friede setzt, wenn er zu Wort kommt. Denn Zeichen des Friedens sind Überschreitungen, die Leben eröffnen. Daher kommen Zeichen des Friedens in Metaphern wie jener vom umgeschmiedeten Winzermesser zu Wort. Sie führen aus Verwirrung und Bedrängnis der Gewalt hinaus und lassen den Schalom Gottes im Irdischen aufscheinen. In bestimmten Situationen ist es dabei wichtig, die Friedenserfahrung von Menschen mit dem Gottesnamen direkt in Verbindung zu setzen. Voraussetzung hierfür ist jedoch die Fähigkeit, die anonyme Präsenz Gottes zu erkennen. Wo Kirche sich der Anonymität dieser Erfahrungen stellt, kommt sie dem Wort Gottes in heutiger Zeit auf die Spur. Auch in der Friedensfrage spielt das *passivum divinum* eine wichtige Rolle: „Selig, die keine Gewalt anwenden, denn sie werden das Land erben." (Mt 5,5) Hier wird der Name Gottes nicht ausgesprochen, aber er ist dennoch präsent. Denn schweigend wird von demjenigen gesprochen, der den Friedfertigen das Land vererbt. Die Seligpreisungen Jesu verweisen mit ihrer verschwiegenen Gottesrede auf Chancen im Heute. Wer die Anonymität Gottes in der Gegenwart begreift, kann die Gotteserfahrungen von Menschen metaphorisch zur Sprache bringen. In Auseinandersetzung mit dem Geheimnis des Friedens, das Menschen in ihrem Alltag erfahren, erneuert sich die Rede von Gott.

Die Friedensbewegung der Wendezeit hat mit ihren Metaphern in Gebeten, Zeichenhandlungen und gewaltfreien Aktionen ein Zeichen gesetzt, das in der Alltagsproblematik des Friedens auch heute noch wegweisend ist. Dies zeigt sich an einem Ereignis vom 4. Mai 2003 in Dresden. Dort versammelten sich mehr als 15.000 Menschen, die längst nicht alle aktiv zum Christentum gehörten, um an einem alten christlichen Ritual teilzunehmen: Die acht Glocken der Frauenkirche wurden geweiht und erhielten einen Namen. An erster Stelle steht hier die „Glocke des Friedens", die den Namen Jesaja-Glocke trägt. Ihr ist der Spruch aus Jes 2,4 eingraviert: „Sie werden ihre Schwerter zu Pflugscharen machen". Das Ritual der Weihe samt Namensgebung macht die Glocke zu einem unüberhörbaren Zeichen des Friedens. Sie erinnert an den riskanten Einsatz für Gewaltlosigkeit im Herbst '89 sowie an den 2. Weltkrieg, der auch in Dresden so vielen Menschen das Leben gekostet und die Stadt zerstört hat. Entgegen allen Erwartungen steht die Frauenkirche wieder. Sie setzt Menschen in Bewegung und stiftet

Gemeinschaft über Konfessionsgrenzen hinweg. Ihre Glocken läuten den Frieden ein. Die bewegende Zeit im Herbst '89; die Bedrängnis des Alltags in den Jahren danach; die Hoffnung auf ein Leben in Frieden – all das schwingt mit, wenn die Jesaja-Glocke ertönt. Sie hält den Glauben daran wach, dass Frieden möglich ist.

3.2 *Zum Sprechen erhört* – Sprengmetaphern, die dem Leben zum Durchbruch verhelfen

„Eine Metapher ist nur dann interessant, wenn sie lebendig ist – wenn sie Überraschung und Erschütterung hervorruft, neue Gedanken erzeugt. Wenn diese Kreativität entweder durch Paraphrasierung oder ständigen Gebrauch erschöpft wird, so daß das Metaphorische in einem neuen Kontext zum Wortwörtlichen wird, dann ist die Metapher tot." (Mary Hesse in: van Noppen 1988, 132) Über das Totsein einer Metapher ließe sich trefflich streiten. Aber davon abgesehen wird hier ein Problem benannt, mit dem die Gottesrede in besonderem Maß ringt. Metaphern bringen Gott zur Sprache, indem sie erschüttern, aus gewohnten Denkweisen hinaus führen und Handlungsperspektiven eröffnen, die sich aus dem Unsagbaren speisen. „Lebendige (‚starke') Gott-Metaphern bringen Ungewohntes und semantisch ‚Unverträgliches', mitunter Unerträgliches mit Gott zusammen." (Werbick 1992, 70) Um von alltäglich gewohnten Gegenständen zu sprechen, braucht es keine neuen, innovativen Metaphern. Ganz anders verhält es sich in der Gottesrede. Von Gott ist nicht gegenständlich zu sprechen, als sei von einem Schuh, einer Tasse oder einem Putzeimer die Rede. Gott ist nicht verfügbar und zum Gebrauch freigegeben, und dieses Unverfügbare, die Kraft des Neuen ist zu markieren, wo auch immer von Gott gesprochen wird. Der Gottesrede ist die Überschreitung eingeschrieben oder sie ist keine Gottesrede. Um vom *fließenden Licht der Gottheit* zu sprechen und damit Zeichen der Transzendenz zu setzen, sind Überschreitungen in das Unbekannte notwendig. Aus diesem Grund ist der Weg einer Metapher von der Innovation hin zur Lexikalisierung für die Gottesrede ein brisanter Prozess. Dieses Brisante kommt zum Vorschein, wo traditionelle Gottesmetaphern abgeschliffen und verbraucht erscheinen und sich Menschen auf die Suche nach neuen Metaphern machen, in denen das Unsagbare zu Wort kommt. Dies zeigt sich in der Jugendseelsorge, deren Liedrepertoire in den letzten Jahren eine permanente Erneuerung durchlebt. Hier ringen junge Menschen (zusammen mit den Liedermachern) darum, wie das Wort Gottes in ihrer speziellen, von Umbrüchen gezeichneten Lebenssituation zur Sprache kommen kann. Die Schiffsmetaphorik erfreut sich großer Beliebtheit: „Springt ins Boot und helft dem Steuermann, dass mit voller Fahrt es vorwärts gehen kann. Füllt den neuen Wein nicht in die alten Schläuche …" Die Gesänge von Taizé kommen mit wenigen Worten aus, aber diese sind in der meditativen Wiederholung eindringlich. Sie haben Zeit, durch den Körper zu wandern und das Leben zu durchdringen. Hier steht Christus als Quelle des Lichts im Mittelpunkt: „Im Dunkel unsrer Nacht entzünde das Feuer, das niemals erlöscht, das niemals erlöscht." Auch wenn die Bibel ein reicher Sprachschatz ist, auf den Menschen jederzeit zurückgreifen können, erspart dies nicht die Anstrengung, selbst sprachfähig zu werden, sondern fordert im Gegenteil dazu heraus.

Dass die Gottesrede aufgrund der Ermüdung ihrer Metaphern Erneuerung braucht, erzeugt ein brisantes Spannungsfeld zwischen Tradition und Innovation. In diesem Spannungsfeld ist auch die Debatte um weibliche Gottesmetaphern verortet, die in den letzten Jahren lebhaft geführt wird. Damit die Auseinandersetzung um die Gottesrede von Frauen in der Theologie Früchte tragen kann, ist es notwendig, ihren metaphorischen Charakter zu begreifen. Es geht um die Benennung einer Erfahrung, die alle Worte übersteigt und gerade deshalb zur Sprache drängt. Gottesmetaphern sind per se Sprengmetaphern. Sie brechen gewohnte Denk- und Handlungsmuster auf. Im Moment ihrer Innovation sind sie überraschend, sie lassen aufhorchen und rufen meist auch Widerspruch hervor. Die Benennung von Gott als *Vater* läuft dem strengen, emotionslosen *Richter* zuwider. Der *gute Hirte* bricht das Bild vom *herrschaftlichen König* auf. Treffende Gottesmetaphern sind Offenbarungen. Sie lassen das Geheimnis des Lebens aufleuchten, wo es zuvor verborgen war. Damit führen sie zur Überschreitung eingeschliffener Denkwege.

Erst einmal ins Leben gerufen, legen Metaphern ihre eigenen Wege zurück. Sie werden auf Reisen geschickt, die nicht mehr unbedingt in der Hand derer liegen, die sie begonnen haben. „The journey of the metapher", von deren Brisanz vor allem die US-amerikanische Theologin Nelle Morton[10] spricht, lässt die innovative Metapher nicht unberührt. Wenn sie erfolgreich ist, wird sie im Lauf der Zeit lexikalisiert und gehört damit zum selbstverständlich verfügbaren Sprachrepertoire. Dies bewirkt eine Vergegenständlichung, die das Überschreitende nicht mehr zu markieren vermag. In weiten Bereichen des Lebens ist ein solcher vergegenständlichender Zugriff durch Sprache kein Problem. In der Gottesrede jedoch bringt eine Erstarrung ihrer Metaphern die Gottesrede selbst in Gefahr. Anstatt den Lebensraum des Wortes zu eröffnen, der im Schweigen wächst, dient sie der Zementierung des längst Bekannten. Wenn eine Metapher längere Zeit gebraucht wird, dann verschwindet leicht das Wissen davon, dass es sich um eine Metapher, eine Überschreitung handelt. Dass sie eine *scharfsinnige Dummheit* ist, die mit ihrem Scharfsinn besticht, tritt gar nicht mehr vor Augen. Sowohl das Merkwürdige als auch das Offenbarende verschwinden. Damit verliert die Gottesmetapher jedoch ihre anfängliche Kraft, das Unsagbare sprechen zu lassen. Sie ist keine erstaunte, atemberaubende Bewegung ins Offene hinein, sondern sie stellt still und verschließt. Die Gottesrede wird bedeutungs- und wirkungslos.

Eine zweite Möglichkeit, die der Metapher auf ihrem Sprachweg passieren kann, ist die der Okkupation. Jesu Rede vom Abba bezeichnet die liebevoll-sorgende, verbindliche Beziehung Gottes zu den Menschen, die sich an der Not des Lebens orientiert. Wenn sie allerdings in einer Gesellschaft lexikalisiert wird, die patriarchal konstituiert ist und die die Geschlechterfrage zu Lasten der Frauen beantwortet, kehrt sich ihre Bedeutung um. Es erfolgt eine feindliche Übernahme der Metapher, die der Durchsetzung von Machtverhältnissen dient. Damit aber greift die Metapher in bedrängender Weise auf das Leben von Frauen zu. Die Feministische Theologie hat dies seit den 70er Jahren des 20. Jahrhunderts zur Sprache gebracht. Auch innovative Metaphern, die der Erlösung das Wort reden, sind vor Okkupationen nicht gefeit. Hier ist es notwendig, neue Fragen an die gebräuchlichen Gottesmetaphern zu stellen und so zu einem neuen Verständnis der Metaphern zu kommen. Sprengmetaphern sind gefragt, die dem Wort Gottes gegenwärtig zum Durchbruch verhelfen.

Sowohl im Stillstellen als auch in der feindlichen Übernahme versagt die menschliche Gottesrede. Sie braucht eine metaphorische Erneuerung, die die erstarrte und zur Erstarrung führende Sprache wieder in Bewegung bringt. Das Versagen der tradierten Gottesrede tritt besonders deutlich zutage, wo sie in der Not menschlichen Lebens noch tiefer ins Verstummen führt. Hier gilt es, die menschliche Gottesrede mit Sprengmetaphern aufzubrechen, die dem Leben wieder Raum verschaffen. Nelle Morton beschreibt eine signifikante Erfahrung aus der Frauenbewegung, die einen solchen metaphorischen Prozess anstößt. Die Erzählung handelt von einer Frau, die in der Not ihres Lebens verstummt war. „Es war in einer kleinen Gruppe von Frauen, die zusammengekommen waren, um ihre eigenen Geschichten zu erzählen, als ich zum erstenmal ein ganz neues Verständnis von Hören und Sprechen erfuhr. Ich erinnere mich gut, wie eine Frau anfing; zögernd und ungeschickt versuchte sie, die Teile ihres Lebens zusammenzubringen. Endlich sagte sie: ‚Ich schmerze … Ich schmerze überall.' Sie berührte sich an verschiedenen Stellen ihres Körpers, als ob sie nach dem Schmerz fühlte, bevor sie hinzufügte: ‚Aber … Ich weiß nicht, womit ich zu schreien anfangen soll.' Sie redete weiter und weiter. Ihre Geschichte nahm eine fantastische Stimmigkeit an. Als sie den Punkt der äußersten Pein erreichte, bewegte sich niemand. Niemand unterbrach sie. Schließlich endete sie. Nach einer Stille schaute sie von einer Frau zur nächsten. ‚Ihr habt mich erhört. Ihr habt mich den ganzen Weg erhört.' Ihre Augen kamen näher. Sie schaute nacheinander jede Frau direkt an und sagte dann langsam: ‚Ich habe das seltsame Gefühl, Ihr habt mich erhört, bevor ich begonnen habe. Ihr habt mich zu meiner eigenen Geschichte erhört.'" (Morton 1985, 127; Übersetzung H.K.)

Wo das Leben verstummt, versiegt das Wort. Mit der Sprache schwindet die Lebenslust, die Lebensenergie, der Lebensatem. Nelle Morton macht diesen Verlust am Zusammenhang von Hören und Sprechen fest. Das alltägliche Verständnis geht davon aus, dass am Anfang das Sprechen steht, das anschließend das Hören hervorruft. Wer nicht sprechen kann, findet daher kein Gehör. Aber in der Erfahrung der verstummten Frau zeigt sich die umgekehrte Bewegung. Das Entscheidende im Verstummen liegt darin, Gehör zu finden. Denn wer Gehör findet, beginnt zu sprechen. Morton nennt diesen Prozess

„Hearing to Speech". Die deutsche Sprache kann dies noch deutlicher zum Ausdruck bringen, denn sie verfügt über das Wort „erhören". Die verstummte Frau wird zum Sprechen erhört. Das Hören der anderen Frauen lockt sie aus dem Verstummen heraus in die Lebensmacht ihrer eigenen Sprache.

Das *Hearing to Speech* bietet einen Ansatzpunkt zur Erneuerung der Gottesrede in heutiger Zeit. Es bezeichnet die Kehrtwende vom Verstummen zum Sprechen. Diese Kehrtwende aber liegt nicht in der Hand von Menschen. In der Geschichte der verstummten Frau sind die zuhörenden Frauen unverzichtbar. Aber dass die Verstummte zu ihrer Stimme findet, können sie nicht willentlich herbeiführen. Hier liegt kein Automatismus vor und nichts, worüber die Hörerinnen frei verfügen könnten. Vielmehr ist eine Macht am Werk, die die Anwesenden überschreitet und über sie hinaus verweist. Außerdem gibt es Menschen, die erhört werden, obwohl kein Mensch ihnen zuzuhören bereit ist. Die bereits erwähnte Geschichte Hagars im Alten Testament ist hierfür ein erstes Beispiel. Hier hat das Hören Gottes erlösende Kraft, „redemptive power" (Morton 1985, 172). Es löst die Zunge, entbindet das Gehör und erweckt alle Sinne zum Leben.

Im Neuen Testament steht dann die Geschichte einer Frau im Mittelpunkt, der es aufgrund der überraschenden Ereignisse in ihrem Leben zunächst die Sprache verschlägt, die aber vor Gott und im Angesicht ihrer Verwandten Gehör findet: Maria. Die junge Frau empfängt von einem Engel die Verheißung Gottes und gibt nach reiflicher Überlegung ihr Ja-Wort zur Schwangerschaft. Diese Zustimmung bringt sie jedoch in eine prekäre Situation. Sie weiß nicht, wie ihr Verlobter darauf reagieren wird, dass sie plötzlich schwanger ist. Sie weiß nicht, was sie gesellschaftlich erwartet. Wenn ihr Verlobter sie verstößt, droht ihr im schlimmsten Fall die Steinigung. All das wird im Lukasevangelium nicht weiter ausgeführt. Aber das Verstummen Marias nach der Verkündigung kommt dennoch zum Ausdruck. Denn hier heißt es lapidar: „Nach einigen Tagen machte sich Maria auf den Weg und eilte in eine Stadt im Bergland von Judäa." (Lk 1,39) Es wird nichts darüber berichtet, dass sie zuvor mit jemanden spricht. Offensichtlich wendet sie sich auch nicht an Joseph, der erst nach der Intervention des Engels die Situation begreift (vgl. Mt 1,18-25). Maria aber lässt alles stehen und liegen und geht. Was sich ereignet hat, ist beunruhigend. Sie weiß nicht, ob sie der Herausforderung ihrer Berufung gewachsen ist. Auf einem gefährlichen Weg über die Berge gelangt sie zu ihrer Verwandten Elisabet. Dort begrüßt sie die ältere Frau, die ebenfalls an der Schwelle eines neuen Lebens steht. Elisabet wird als alte Frau ihr erstes Kind gebären, so dass auch ihr Leben in Gefahr ist. Ihr Mann ist in dieser Situation nicht sonderlich hilfreich, denn er ist mit seinem eigenen Verstummen beschäftigt (Lk 1,20ff.64). In ihrer Ungewissheit und Angst, in ihrer Freude und Hoffnung treffen zwei Frauen zusammen, die bereit sind, dem neuen Leben allen Hindernissen zum Trotz Raum zu geben. „Da wurde Elisabet vom Heiligen Geist erfüllt" (Lk 1,41), und sie ruft den Segen über die Schwangere herab. Eine andere Kraft meldet sich verschwiegen zu Wort. In diesem Augenblick wird das Verstummen Marias erhört, und sie findet zu ihrer Stimme. Maria wird die Zunge gelöst und sie singt das Magnifikat, jenen wunderbaren Gottesgesang: „Meine Seele preist die Größe des Herrn, und mein Geist jubelt über Gott, meinen Retter." (Lk 1,46f) Hier findet eine Ermächtigung statt, die zum Wort befreit.

Auch heute machen Menschen die Erfahrung, dass ihnen in der Not des Lebens eine Kraft zufließt, die sie aus dem Verstummen heraus führt. Diese Erfahrung des Erhörtwerdens bildet eine Grundlage dafür, dass heutige Frauen Gott in einer ungewöhnlichen Metapher als *Freundin im Himmel* benennen.[11] In dieser Benennung geht es nicht darum, eine schön klingende, weibliche Metapher zu finden. Gottesmetaphern zeichnen sich vielmehr dadurch aus, dass sie offenbarende Kraft haben. Wer im Christentum eine neue Gottesmetapher einführt, muss sagen können, was sie besagt. In der Gottesmetapher *Freundin* geben Frauen eine Antwort auf die Erfahrung, dass sie in ihrer Bedrängnis von jener Macht erhört werden, die als einzige den Tod zu überwinden versteht. Wo Frauen in der Not ihres Lebens verstummen oder zum Schweigen gebracht werden, lockt Gott sie in die Macht der eigenen Sprache. Diese Erfahrung kommt in der Gottesmetapher *Freundin* zu Wort. Wird Gott als *Freundin* angesprochen, so verkörpert sich in dieser Anrede die Erinnerung an die erlösende Erfahrung. Sie verbindet Frauen dauerhaft mit jener Lebensmacht, die Auferstehung bewirkt.[12] Wer Gott als Freundin benennt, sagt zugleich, dass Gott aus dem Verstummen heraus zum Sprechen erhört. Gott kommt zum Ausdruck in dem, was Gott tut. Hier zeigt sich, dass auch und gerade in der Gottesrede die verschiedenen Sprachformen miteinander verbunden sind und sich gegenseitig zum Sprechen bringen. Im Substantiv *Freundin* steckt zugleich ein Verb, das darüber spricht, was Gott tut.

Wer von Gott als *Freundin* spricht, muss wissen, dass die Freundin von nebenan etwas anderes ist als die Freundin im Himmel. Indem die Benennung von Menschen auf Gott hin überschritten wird, entsteht ein *neues* Zeichen. Dies ist ein entscheidender Punkt im metaphorischen Prozess. Kommt die Neuheit zum Vorschein, brechen eingeschliffene Gottesbilder auf, die dem Bilderverbot der Zehn Gebote widersprechen. Gott als Freundin ist heute das Gegenteil einer toten Metapher. Sie ruft Erstaunen hervor, löst Nachfragen aus und bringt damit Gott ins Gespräch. Dies ist wichtig in einer Gesellschaft, in der Gottesfragen nur am Rande ein Thema sind. Hier kann die schöpferische Macht einer Gottesmetapher greifen und zum Überwinden des Versagens beitragen. In diesem Sinn ist die Bezeichnung *Freundin im Himmel* eine Sprengmetapher, die dem Wort Gottes zum Durchbruch verhilft. Das Geheimnis des Lebens, das nicht sagbar ist, kommt in einem unerhörten Namen zum Klingen. Dies gilt umso mehr, als eine Metapher in der Gottesrede nicht für sich allein steht. Sie ist ein überraschender Ton im vielstimmigen Gottesgesang. Deren Metaphern kommunizieren miteinander und können sich wechselseitig zur Sprache verhelfen. Gott in diesem Sinn als *Freundin im Himmel* zu benennen, legt etwas frei von der Lebensmacht der Vater-Anrede Jesu, die beklemmende Machtverhältnisse sprengt. Dies eröffnet die Gottesrede Jesu, wie sie im Vaterunser zum Ausdruck kommt. Die überraschende Metapher wirft neues Licht auf diese Leitmetapher des Christentums und lässt sie aus dem Schatten der Gewohnheit heraustreten. Sie wird auf das hin überschritten, was sie in einem allein männerdominierten Kontext gar nicht mehr sagen kann. Die Kommunikation verschiedener Gottesmetaphern eröffnet die Pluralität von Gottesmetaphern, die Schrift und Tradition auszeichnet. Das Problem der dominierenden Metapher, die sich selbst erschlägt, wird damit überwunden.

Weil sich in die Leitmetapher das Unsagbare der Gottesrede einschreibt, regt sie zu neuen Metaphern an. Es ist daher kontraproduktiv, mit der Vater-Anrede Jesu gegen eine neue Metapher wie *Freundin im Himmel* vorzugehen. Damit würde *Gottvater* als Leitmetapher gefährdet. Beide Gottesbenennungen stehen nicht in einem Konkurrenzverhältnis, wo der einen Seite etwas geraubt wird, was der anderen Seite zugute kommen würde. Diese Gottesrede ist kein Null-Summen-Spiel. Vielmehr ermöglicht das, was in der Vater-Anrede die Sprache auf Gott hin öffnet, die Freundin-Metapher. Und das, was Frauen heute zur Freundin-Metapher führt, erweitert den Lebensraum der Vater-Metapher. Als Sprachprozess, in dem jede der beiden Metaphern die Bedeutung der jeweils anderen erschließt, orientieren sie die Sprache auf das hin, was in der Gottesrede nicht sagbar ist. Damit folgen sie der verschwiegenen Spur Gottes, die im Verstummen des Lebens zur Sprache verhilft.

3.3 Die *Mulde der Stummheit* in der Gottesrede – ein Ort der Offenbarung

Die christliche Rede von Gott setzt bei Erfahrungen der Sprachlosigkeit an. Um diese Gottesrede in der eigenen Zeit gegenwärtig zu halten, ist die Theologie daher an Orte verwiesen, die von Sprachlosigkeit gezeichnet sind. Ein solcher Ort ist die Literatur. Die österreichische Schriftstellerin Ingeborg Bachmann, die sowohl biographisch als auch von ihren Themen her mit Paul Celan verbunden ist, schreibt: „Wir, befaßt mit der Sprache, haben erfahren, was Sprachlosigkeit und Stummheit sind – unsre, wenn man so will, reinsten Zustände! Und sind aus dem Niemandsland wiedergekehrt mit Sprache, die wir fortsetzen werden, solang Leben unsre Fortsetzung ist" (Bachmann 1993 IV, 60). Bachmann gehört zu einer Dichtergeneration, die nur selten explizit theologische Fragen stellt.[13] *Gott* ist auch in ihrer Poesie ein Verschwiegenes. Dieses aber meldet sich unüberhörbar zu Wort. Dass sich in ihre Poesie ein Schweigen einschreibt, das auf das Unsagbare verweist, zeigt sich besonders in ihrem Gedicht „Psalm" (Bachmann 1993 I, 54f).

Mit dem Titel des Gedichts greift Bachmann auf eine biblische Gattung zurück, die sie andernorts als „eine Bewegung aus Leiderfahrung" bezeichnet (1993 IV, 208).[14] Die Psalmen sind Lieder, die das schmerzliche Zerbrechen und die Grausamkeit des Lebens beklagen, aber auch die Verheißungen Gottes und den Dank für das Glück des Lebens ins Wort bringen. Bachmanns Psalm beginnt mit dem Aufruf: „Schweigt mit mir, wie alle Glocken schweigen!" Damit setzt sie einen Kontrapunkt zu Psalm 117, der die Völker zum Lobpreis Gottes aufruft. Zugleich schließt sie an das biblische Schweigegebot an (vgl. Zef 1,7), das Gott wegen der Freveltaten der Menschen verhängt. In Bachmanns Psalm läutet das Verstummen der Glocken das Schweigen ein. Hier kommt das Entsetzen zum Ausdruck über die unsägliche Grausamkeit, zu der Menschen fähig sind. „In der Nachgeburt der Schrecken sucht das Geschmeiß nach neuer Nahrung.", heißt es in der zweiten Strophe des Gedichts. Verrat liegt in der Luft. „Verstelle dich, um der Bloßstellung zu entgehen." Wer Erfolg haben will, übergeht den Schmerz und leugnet das Verbrechen, das er selbst begeht. Aber dies ist nicht Sache der Lyrik. Sie rückt vielmehr in den Blick, wo die Augen verbrennen und verschleiert werden – so die dritte Strophe:

3
O Augen, an dem Sonnenspeicher Erde verbrannt,
mit der Regenlast aller Augen beladen,
und jetzt versponnen, verwebt
von den tragischen Spinnen
der Gegenwart …

Erfahrungen von Gewalt, Leid und Tod bringen zum Schweigen. Sie machen ohnmächtig, sprachlos und stumm. Das Gespinst der „tragischen Spinnen der Gegenwart" ist undurchsichtig, sie verkleben die Augen und verschleiern die Wahrheit. Weil aber das Verstummen nicht das letzte Wort haben soll, bittet die Verstummte in der abschließenden vierten Strophe, die auch als eigener Psalm gelesen werden kann:

4
In die Mulde meiner Stummheit
leg ein Wort
und zieh Wälder groß zu beiden Seiten,
dass mein Mund
ganz im Schatten liegt.

Die Stummheit ist bedrängend. Aber sie führt nicht in die Verzweiflung. Vielmehr kommt sie in einer Bitte zur Sprache, die über das Verstummen hinausführt. Dass Bachmann hier eine Bitte ausspricht, ist bemerkenswert. Hier zeigt sich, dass sich das Verstummen in verschiedenen Sprachformen in die Sprache einschreibt. Eine Bitte zu formulieren gehört dazu genauso wie eine Frage zu stellen. Die Bitte des Psalms benennt eine Ohnmacht des Lebens. Aber gerade damit ruft sie jene Macht an, die die Not des Lebens zum Segen wandelt. Die Bitte bringt die Stummheit so zur Sprache, dass sie eine Mulde bildet. Diese Mulde ruft das noch nicht sagbare Wort herbei. Sie ist bereit, dieses Wort zu empfangen. Eine Mulde ist ein offener, einladender Ort. Sie bietet Schutz vor allzu rauem Wind und eröffnet Lebensraum. Mulden sind Biotope, Orte der Geburt. Hier sammeln sich Wasser und Nahrung. Der Mulde des schweigenden Mundes stehen Wälder zur Seite – lebendige Worte, in anderen Mulden gewachsen. Sie spenden Schatten und verhindern, dass das Verstummen ihr den Mund verbrennt. Die Mund-Mulde öffnet sich für das Wort, das sich zeigt; das die Verstummte erbittet, um es erhören zu können. Die *Mulde der Stummheit* ist die Leerstelle der Sprache, die auf das verweist, was noch nicht sagbar ist. Sie ist eine Sprachmulde, die sich dem öffnet, für das die Sprache noch fehlt. In der Mulde der Stummheit wird das unsagbare Wort geboren.

Verstummen bedeutet nicht, dass jemand nichts zu sagen hat. Das Gegenteil ist der Fall, denn nur an der Grenze des Sagbaren verschlägt es einer die Sprache. In Bachmanns „Psalm" will etwas ins Wort kommen, für das die Sprache jedoch fehlt. Dieses Fehlende bringt die Lyrikerin als etwas zum Ausdruck, das schmerzlich vermisst wird. Die Verstummte hat das Wort, das gesprochen werden will, nicht in ihrer Hand. Deswegen erbittet sie es. Sie setzt ihre Hoffnung auf das Samenkorn des Wortes, das ihr in den Mund gelegt wird. Das Gedicht lässt die Frage offen, an wen sich die Bitte der Verstummten richtet. Es wird kein Name genannt. „Leg ein Wort" ist die Anrufung einer unbekannten, anonymen Größe. Der Singular dieser Anrede unterscheidet sich vom Plural „Schweigt mit mir" in der ersten Strophe des Gedichts, das die Leserinnen und Leser des Psalms anspricht. Der Wechsel zum Singular in der letzten Strophe markiert einen Wechsel des Gegenübers, mit dem sie spricht. Der Psalm, der mit einem Aufruf zum Schweigen beginnt und den Klageruf über die „Nachgeburt der Schrecken" erhebt, endet als Bittpsalm. Er erbittet Offenbarung.

Ingeborg Bachmann lebt in einer Zeit, die ein gebrochenes Verhältnis zur Offenbarung des Gotteswortes hat. Dass sich das befreiende Wort zeigt, das die Stummheit überschreitet, ist im 20. Jahrhundert nicht selbstverständlich. Bachmann steht am Bruchpunkt der Offenbarung. Aber gerade deswegen ist sie hellhörig für das Wort, das in den Brüchen des Lebens notwendig ist. Über das Wort *Gott* schweigt sie sich aus. Das Schweigen wird jedoch beredt, wo sie das Wort erbittet, das aus dem Verstummen führt. Ihr Gedicht ruft die Quelle des Wortes an, ohne ihr einen Namen zu geben. Sie spricht zurückhaltend, denn das vorlaute Reden darüber sollte aufhören, wie die Lyrikerin an anderer Stelle betont (vgl. Bachmann 1993 IV, 59).

Ingeborg Bachmann leistet mit ihrem *Psalm* ihren Beitrag zu einer Gottesrede, die verschwiegen zu sprechen versteht. Diese zurückhaltende Sprachform, die Gott nicht zwingen will, sondern bittet, ist für die heutige Gottesrede signifikant. Das Subjekt, von dem hier eine Handlung erbeten ist, wird als präsent gesetzt, aber nicht beim Namen genannt. In diesem Punkt ist es verbunden mit dem biblischen *passivum divinum*, jener unscheinbaren Sprachform negativer Theologie, die auf das beredte Schweigen in der Gottesrede hinweist. Mit Bachmanns Wortschöpfung kann das *passivum divinum* in einer Metapher benannt werden: Es ist die Mulde der Stummheit in der Gottesrede. Das *passivum divinum* markiert das Zerbrechen der Sprache in der Not des Lebens. Es spricht mit einer Leerstelle von Gott, weil kein Mensch über das Wort verfügt, das die Mulde der Stummheit ersehnt. Dieses Wort, das dem Verstummen erwächst, kann nicht gefordert oder erzwungen, aber es kann erbeten werden. Die Bitte der Verstummten um das Wort hat eine eigene Macht. Sie öffnet sich für das, was im Verborgenen präsent ist. Damit aber erhält das Wort Gottes einen Lebensraum. Bachmann verweist auf den Ort, wo das Wort Gottes zur Erscheinung kommt: die Mulde der Stummheit, die das rettende Wort erbittet. Offenbarung geschieht, wo die Verstummten in der Not ihres Lebens das Wort erfahren, das ihr erstarrtes Leben wieder in Fluss bringt.

Die Poesie Ingeborg Bachmanns entsteht an der Grenze der Sprache, die eine Überschreitung des Todes auf das Leben hin erfordert. An dieser Grenze treffen sich ihre Lyrik und die Rede von Gott. Theologie ist ihrer inneren Struktur gemäß an die Grenze der Sprache verwiesen. Denn der Ausgangspunkt ihrer Gottesrede ist da, wo die Sprache versagt. Theo-Logie ist ein Sprachprozess. Sie ringt mit dem Wort Gottes, das menschliche Not und Bedrängnis zum Segen wandelt. Die Not des Lebens wirft an die Grenze der Sprache. Hier ringt die Theologie um das Wort, das die Grenze des Verstummens überschreitet. Sie benennt, was bisher verschwiegen war, um des Lebens willen aber benannt werden muss. Das Problem besteht jedoch darin, dass es die Sprache noch nicht gibt für das, was die Sprache verschlägt. Hier hat die Offenbarung des Gotteswortes ihren Ort. Denn die Sprache, die es noch nicht gibt, liegt nicht in menschlicher Verfügungsgewalt. Das Wort, das in der Mulde der Stummheit wächst, ist kein menschliches Produkt, sondern es zeigt sich, es erscheint. Es ist im wahrsten Sinn des Wortes eine Offenbarung.

Diese Offenbarung aber will zur Sprache kommen. Das Samenkorn des Wortes wächst, wenn es in die Mund-Mulde gelegt ist. Die Bewegung von außen stößt eine Bewegung von innen an. Das ist in der Theologie der Punkt, wo Gottesmetaphern mit ihrer sprachschöpferischen Macht ins Spiel kommen. Die griechische Wortwurzel von *Poesie* bezeichnet sowohl die Sprachschöpfungen der Menschen als auch das Erschaffen als Schöpfertätigkeit Gottes im Wort. Trifft beides zusammen, entsteht eine Gottesmetapher. Die menschliche Sprache wird vom Wort Gottes auf das hin überschritten, was inmitten des Verstummens sprachfähig macht. Das Wort Gottes metaphorisiert die menschliche Sprache und überwindet damit den Abgrund des Verstummens. Damit kann nun gesagt werden, was eine Gottesmetapher auszeichnet: In ihr kommt das Wort Gottes so zu Gehör, dass es Menschen im Verstummen ihres Lebens sprachfähig macht. Gottesmetaphern haben ihren Ankerpunkt im Erhören Gottes. Sie bringen die Antwort Gottes auf die Bitte der Verstummten ins Wort.

Wird das Wort Gottes geboren im menschlichen Wort, dann geschieht Poesie, Sprachschöpfung. Denn die Sprache, die in der Not menschlichen Lebens versagt, wird von Gott her auf Gott hin überschritten. In der Mulde der Stummheit wird das Wort Gottes geboren. Dabei ist der Übergang zwischen dem Wort Gottes, das vor allen menschlichen Worten lebt, in die menschliche Sprache, die in menschlicher Machtgeschichte verstrickt ist, brisant. Die Gefahr besteht, dass das Wort Gottes für menschliche Machtinteressen vereinnahmt wird. An dieser Stelle hilft die Bibelgeschichte von Maria Magdalena am leeren Grab, die nicht der Rache und ihrer Gewalt das Wort redet, sondern dem Leben. Das Wort, das im Namen Gottes aus der Stummheit wächst, macht andere nicht mundtot. Es verleiht keine herrschaftliche Übermacht, sondern eröffnet eine Sprache, die auch andere in der Not ihres Lebens sprachfähig macht. Es überwindet die Gewaltsamkeit, die dem Verstummen innewohnt. Aus diesem Grund hat in der Sprache, die der Mulde der Stummheit erwächst, das Schweigen seinen Ort. In der Mulde der Stummheit wächst eine Sprache, die das Verstummen nicht einfach auslöscht, sondern in die sich das Verstummen einschreibt. Sie ist von der Sprachlosigkeit markiert wie die Bitte: Sie erwartet etwas, das sie selbst nicht benennen kann. Diese Markierung besteht im Schweigen, das die Gottesrede notwendig braucht. Die menschliche Gottesrede ist so strukturiert, dass sie auf das Unsagbare ihres Sprechens verweist. Gott entzieht sich dem menschlichen Machtzugriff, der die ohnehin schon Verstummten nun endgültig verstummen lässt.

Aus diesem Grund bilden Metaphern die innere Struktur der Gottesrede. Metaphern, die Gottes Handeln benennen, bringen Gott zu Gehör, indem sie schweigend sehr beredt von Gott sprechen. Sie haben das, was die Dichterin Nelly Sachs „die Kraft des Ausdrucks für das leise sich öffnende Geheimnis" (in: Celan/Sachs 1996, 9 – Brief vom 10.5. 1954) nennt. Gottesmetaphern sind eine Torheit, denn sie benennen selbst, dass ihr Sprechen versagt. Sie machen deutlich, dass Gott auch in seinem Sprechen schweigt. Jedes Reden von Gott steht im Horizont von Gottes Schweigen.[15] „Der Raum zwischen zwei Worten ist größer als der zwischen Himmel und Erde. Um ihn zu durchqueren, schließt man die Augen und springt. In der Tora, sagt eine chassidische Tradition, sind auch die Leerstellen von Gott gegeben." (Wiesel 1995, 445)[16] In Gottesmetaphern tritt der Raum, der zwischen zwei Worten liegt, besonders deutlich zutage. Denn in einem gewagten Sprung verbinden sie entfernte Welten und eröffnen der Sprache den Weg, sich selbst zu überschreiten in das Unbekannte hinein. Das, was nicht gesagt wird, weil es nicht gesagt werden kann, spricht zwischen den Zeilen. Metaphern erzeugen eine Leerstelle, die Gott zur Sprache kommen lässt. In ihnen verkörpert sich eine Sprache, deren Überschreitung in das Unsagbare führt. Sie benennen Gottes Schweigen, ohne dieses Schweigen tot zu reden.

Das Problem, auf das die Offenbarung Gottes antwortet, ist das Verstummen von Menschen. Gottesmetaphern stehen deswegen im Dienst an der Lebensmacht des Wortes, das der Mulde der Stummheit erwächst. Hier kommen sie der Offenbarung Gottes in der Gegenwart auf die Spur. Macht die Theologie dieses Wort zum Thema in den Auseinandersetzungen der eigenen Zeit, wird sie sprachfähig im Heute. Das Gedicht von Bachmann für Anna Achmatowa, „Wahrlich" (Bachmann 1993 I, 166) beschreibt die Schwierigkeit, die hiermit verbunden ist: „Einen einzigen Satz haltbar zu machen, auszuhalten in dem Bimbam von Worten. Es schreibt diesen Satz keiner, der nicht unterschreibt." Die Offenbarung Gottes scheut nicht den Ort, wo Menschen verstummen; vielmehr sucht sie diesen Ort gezielt auf. Verstummen und zur Sprache kommen, verborgen sein und offenbar werden, hängen daher in der Gottesrede innerlich zusammen.

Die Offenbarung Gottes ereignet sich an der Grenze, wo Menschen verstummen, weil es die Sprache noch nicht gibt für das, was um des Lebens willen benannt werden will. Folgt die Gottesrede dieser Spur, findet die Offenbarung Gottes im Heute zur Sprache. Sie schärft das Ohr für das Verstummen, denn es schreibt sich in ihre Sprache ein. Am Beginn des 21. Jahrhunderts, als viele Menschen ein gebrochenes Verhältnis zur Gottesrede haben, ist dieser Zusammenhang gravierend. Damit die tradierte Offenbarung heute zur Sprache findet, braucht sie die poetische Kraft von Metaphern, die sich an der Grenze der Sprache bewegen. Denn Offenbarung ist das Wort, das als Samenkorn einer neuen Sprache in die Mulde der Stummheit gelegt wird. Der Zusammenhang von Verstummen und zu einer neuen Sprache finden ist für die Theologie entscheidend. Sie kann dies an ihrer eigenen Tradition erkennen und wird von der Poesie der Gegenwart erneut darauf gestoßen. Wenn die Gottesrede dem Verstummen ausweicht, versagen ihre wortreichen Aussagen. Wenn jedoch das Versagen der Sprache nicht totgeredet wird, entsteht die Mulde der Stummheit. In dieser Mulde wird das Wort Gottes gegenwärtig und beginnt zu sprechen. Es verortet sich in der Gegenwart, im Hier und Heute. Die Grenze der Sprache ist der Ort, wo die Offenbarung Gottes zu ihrer heutigen Sprache findet. Diesen Sprachprozess zu vollziehen, ist eine metaphorische Herausforderung. Die Offenbarung Gottes, die in Jesus Christus zur Fülle gelangt ist, tritt auch heute noch in Erscheinung. Sie ist kein historisches Phänomen, das allein der Vergangenheit angehörte.[17] Vielmehr ereignet sich das Wort Gottes dort, wo in der Mulde der Stummheit das Wort des Lebens wächst.

Ausblick:
Das erschwiegene Wort – die Lebensmacht der Gottesrede in postsäkularer Kultur

Die Feststellung, dass die Gottesrede notwendig metaphorisch sei, ist bereits ein etwas älterer Hut. Welche neuen Perspektiven eröffnet das vorliegende Buch, dessen Metaphernbegriff bei der Sprachlosigkeit ansetzt? Welches Problem vermag es zu lösen, das mit der bekannten These noch nicht gelöst ist? Diese Fragen stellen sich zum Abschluss des Gedankenganges. Sein Ausgangspunkt war die Sprachlosigkeit in heutigen Gottesfragen. Sie sind das Kernproblem, auf das der weitere Gedankengang zielt und in dem es neue Perspektiven zu entwickeln gilt. Die Sprachlosigkeit in Gottesfragen entsteht heute in einer Kultur, die sich als postsäkular bezeichnen lässt.[18] Denn ihr explizites Selbstverständnis ist säkular, aber zugleich steht diese Kultur vor drängenden Religionsfragen und eröffnet daher die Debatte um Religion neu. Religion ist wieder ein Thema. Sie wird diskutiert, und immer weniger Menschen denken, dass sich ihre Fragen im Zuge der Aufklärung von selbst erledigen. Oft werden Religionsfragen sogar mit Neugierde und erwartungsvollem Interesse gestellt. Theologie ist herausgefordert, sich mit ihrer Gottesrede in dieser Religionsdebatte zu verorten. Aber in einer Zeit des Umbruchs ist das nicht leicht. Was in dieser konkreten geschichtlichen Situation zu sagen ist, gilt es erst zu erarbeiten. Die Sprache fehlt noch für das, was sich erst in Ansätzen zeigt. Kein Wunder, dass sich Sprachlosigkeit einstellt und sich so manches Mal der Gedanke aufdrängt: Nun gebricht mir mein Deutsch, und Latein spricht schon längst niemand mehr.

Sprachlosigkeit in Gottesfragen ist jedoch nicht einfach ein bedauernswerter Zustand. Aus ihr ist bei Mechthild von Magdeburg immerhin ein klassisches Buch zur Gottesfrage entstanden, das heute noch lesenswert ist. Wenn Gottesfragen in der Öffentlichkeit gegenwärtig kaum ein Thema sind, verweist dies darauf, dass die Sprache noch fehlt, um Gott in den Debatten der heutigen Zeit zu verorten. Im Verstummen zeigt sich die Notwendigkeit einer neuen Sprache, die von den

Fragen der Gegenwart markiert ist. Hier liegt ein kreatives Potential, das es theologisch zu nutzen gilt. Mit welchen Gravuren schreibt sich das Heute in die Gottesrede ein? Und welche Gravuren vermag die Gottesrede im Heute zu zeichnen, wenn sie sich auf diesen Prozess einlässt? An diesem Problem setzt die hier vorgestellte metaphorische Theologie an. Denn Metaphern sind die Sprachform, die solche Gravuren zu zeichnen vermag. Theologie zu betreiben ist selbst ein metaphorischer Prozess, der mit der Sprachlosigkeit in Gottesfragen beginnt und sich dem auf die Spur macht, was im Verstummen benannt werden will. Sie geschieht als Prozess von *verstummen – überschreiten – sprachfähig werden* in gegenwärtigen Gottesfragen.

Das vorliegende Buch stellt die Sprachform *Metapher* in ihrem kreativen Potential für die Gottesrede vor in einer Situation, wo diese Rede dringend der Erneuerung bedarf. Der Blick in Bibel und Kirchengeschichte zielt auf diesen Punkt. Die Auferstehung Jesu Christi stellt schon die junge Kirche vor das Problem, wie sie das benennen kann, was sich ihrer Sprache entzieht. Verstummen und das Ringen um Gottes Wort gravieren die Geschichte des Christentums und schreiben sich in seine Metaphern ein. Wie auch das Beispiel des *Heliand* zeigt, entscheidet das Durchlaufen metaphorischer Sprachprozesse darüber, wie groß die evangelisierende Kraft ist, die das Christentum in einer brisanten geschichtlichen Situation entfaltet. In besonderer Weise sprachschöpferisch ist die Mystik, eine Expertin in Fragen des Unsagbaren. Auch für die heutige Gottesrede gilt: Das Verstummen ist der Schrei nach einer neuen Sprache. Diese verkörpert sich in Gottesmetaphern, die das Versagen der Sprache in das hinein überschreiten, was nicht sagbar ist. Das Schöpferische der Gottesmetaphern liegt in ihrer Bewegung auf das hin, was nicht gesagt werden kann. Hierfür steht die Aktion „Schwerter zu Pflugscharen", die sich im Herbst '89 der Gewaltlosigkeit Gottes verschreibt, sowie das Erhören Gottes in der Not des Lebens, wie es in der Metapher von Gott als *Freundin im Himmel* zum Ausdruck kommt. Wo die Sprache zerbricht, sind Metaphern gefragt. Für die Gottesrede gilt dies in besonderer Weise. Denn sie hat es von sich selbst her mit dem zu tun, was das Sagbare überschreitet: das Geheimnis des Lebens, das in Not und Bedrängnis den Schritt ins Leben öffnet.

Wenn Theologie in der Gegenwart Gehör finden will, braucht sie ein Gespür für das Heute. Die Gegenwart wahrzunehmen und zu begreifen ist notwendig, um benennen zu können, was das Wort Gottes hier zu sagen weiß. Diesen Sprachprozess leisten Gottesmetaphern in Substantiv, Adjektiv und Verb. Sie sind *das Auge der Gottesrede*, denn sie machen klarsichtig und hellhörig in der Frage, was Gott hier und heute tut und wie Gott die Not des Lebens zum Segen wendet. Sie verkörpern eine Erkenntnis, die neue Handlungsmöglichkeiten eröffnet. Gottesmetaphern schärfen den Blick und öffnen die Sprache für das Wort Gottes, das die menschliche Sprachfähigkeit übersteigt. Das Wort Gottes wiederum ist kein starrer Gegenstand, sondern es ereignet sich. Es ist lebendig und setzt in Bewegung. Dieses Schöpferische verkörpert sich in Sprachüberschreitungen, in Metaphern, die das benennen, was sich bisher nicht sagen ließ. Die menschliche Gottesrede kann der Lebensmacht Gottes keine Präsenz verleihen, wenn sie selbst vertrocknet daherkommt. Wo in drohender Gewalt Schwerter zu Pflugscharen umgeschmiedet werden, da ist die Lebensmacht friedenstiftender Gottesrede zu sehen, zu hören und zu fühlen. Sinnenfreudig versetzt sie in Bewegung und verhilft der Schöpfung zum Durchbruch. In ihren Metaphern wird das Gotteswort gegenwärtig. Denn ihr vielstimmiger, farbenfroher Gottesgesang bringt das verstummte Leben zum Klingen. Die Grenzen, die „noch durch jedes Wort" gehen (Ingeborg Bachmann), werden überschritten, Verstocktes gerät in Bewegung und Festgefahrenes in Fluss. Die Rede von Gott ist bewegt und bewegend, gezeichnet von den Farben des Lebens, erfüllt von seinem Klang. Am Puls der Zeit spielt sie nicht dem Tod, sondern dem Leben zum Tanz auf.

Die Frage nach dem Zusammenhang von Reden und Schweigen, nach der Ohnmacht des Wortes und der kreativen Sprachmacht des Verschwiegenen ist in der heutigen Gottesrede gravierend – auch und gerade in postsäkularer Kultur. Denn das Verstummen ist der Ort, wo das Wort Gottes in Erscheinung tritt und sich in Fragen der Gegenwart einschreibt. Das verschwiegene Gotteswort erhört das Verstummen von Menschen. Bedrängende Sprachlosigkeit wird hier produktiv. Dies setzt voraus, dass das Verstummen erhört wird. *Erhören* wiederum ist ein Verb aus dem Sprachschatz Gottes, der die Schöpfung ins Leben ruft. „Ich habe laut zum Herrn gerufen; da erhörte er mich von seinem heiligen Berg." (Ps 3,5) In Not und Bedrängnis eröffnet das Wort Gottes neue Perspektiven, weil es in dem, was es sagt, *erhört*. Gottes Sprechen ist ein Erhören. „Jahwe sprach: Ich habe das Elend meines Volkes in Ägypten gesehen, und ihre laute Klage über ihre Antreiber habe ich gehört. Ich kenne ihr Leid." (Ex 3,7) Dass Gott selbst *die* Klagen erhört, die verstummt sind, entfaltet sprachschöpferische Kraft. Sie zeichnet die Gravuren einer Gottesrede, die das Verstummen nicht totredet, sondern zu Wort kommen lässt. Aus der Not der Sprachlosigkeit wächst in der Metapher der Segen einer Gottesrede, die den Blick ins Leben weitet.

Gottesmetaphern sind jene Sprachmacht, die in Not und Bedrängnis Leben eröffnet. Sie lauschen auf das Schweigen Gottes im stummen Schrei der Menschen. Das sagen zu können, was den Atem verschlägt und die Stimme raubt, ist eine befreiende Erfahrung. Sie macht sprachfähig und führt aus der Enge des erstickten Schreis in die Weite des Gottesgesangs. Paul Celan, der beredte Poet des Verstummens, spricht in seinem Gedicht „Argumentum E Silentio" über „das erschwiegene Wort" (Celan 1975, I-138). Gottesmetaphern sind das erschwiegene Wort, das in drängenden Gottesfragen ins Neuland einer Sprache führt, die in der eigenen Zeit greift. Sie werden erschwiegen, weil sie sich dem Verstummen stellen. Die menschliche Gottesrede ist dem Geheimnis des Lebens nur schweigsam gewachsen. Gottesmetaphern markieren daher das Ringen um eine Sprache, die das Geheimnis des Lebens nicht in einem Zugriff benennt, die aber mit ihrem Sprechen eine Leerstelle erzeugt, die dieses Geheimnis aufleuchten lässt. Wo die menschliche Rede das Wort Gottes erhört, das im Verstummen hörbar wird, partizipiert sie an dessen schöpferischer Lebensmacht. Die Verschwiegenheit Gottes findet Gehör in Metaphern, in denen die Lebensmacht des Gotteswortes aufscheint. Die kreative Sprachmacht der Theologie speist sich aus dem Wort Gottes, das im Heute befragbar ist und Rede und Antwort steht. Das Liebeswort Gottes setzt den Beginn einer neuen Sprache, den Beginn einer neuen Art, auf der Welt zu sein. Wer sich diesem Wort anvertraut, braucht die heutige Sprachlosigkeit nicht zu fürchten. Denn hier wird das Verstummen als verschwiegener Schrei nach einer neuen Sprache erhört.

Anmerkungen

Einleitung und Kapitel 1

[1] Einen guten Überblick zur wissenschaftlichen Debatte der Metapher geben die beiden von Anselm Haverkamp herausgegebenen Werke (1996 und 1998). Zur Therapeutik der Metapher vgl. Mohl 1998.

[2] Sehr lesenswert ist in dieser Frage das Buch „...wortlos der Sprache mächtig" (Eggert/Golec 1999), das dem „Schweigen und Sprechen in der Literatur und sprachlicher Kommunikation" so der Untertitel – nachgeht. Hier finden sich auch Beiträge über „Sprechen und Schweigen in ‚jüdischer Lyrik' in Deutschland nach 1933", speziell zu Rose Ausländer und Paul Celan.

[3] Dies verwundert insofern nicht, als das Oxymoron ebenfalls eine Metapher ist (vgl. Weinrich in Haverkamp 1996, 327). Sie ist sogar eine zugespitzte Metapher, denn hier werden zwei Erfahrungen in einem Wort miteinander verbunden, die einander nicht nur fremd sind (das ist bei jeder Metapher der Fall), sondern die einander direkt widersprechen.

[4] Die verstärkte Rezeption der Metapherntheorien von Ivor Armstrong Richards (1936 „The Philosophy of Rhetoric") und Max Black (1954), aber auch von Friedrich Nietzsche hat in den sechziger Jahren eine Wende in der Metapherndebatte bewirkt. Danach stand nicht mehr das Ähnlichkeitsparadigma des Aristoteles im Mittelpunkt, sondern die Differenz, das Vagabundierende, Durchkreuzende, wie es sich in der 1964 geführten *Debatte über den Roman* von Michel Foucault, Phillippe Sollers und anderen zeigt. Ausgehend von einem zu überwindenden Metaphernbegriff sagt Foucault: „Metaphorisieren hieß, sich die Welt aneignen, als ob die Metapher zwischen dem schreibenden Subjekt und der Welt stünde – wo doch die Metapher eine der Sprache innerliche Struktur ist." (Foucault 2001, 492) Menschen sind Sprachwesen und leben deshalb in Metaphern.

[5] Metaphern als Vergleich zu verstehen, hat eine lange Tradition. Sie beginnt ebenfalls mit Aristoteles, der die Fähigkeit zur Metaphernbildung darin sieht, Ähnlichkeit zu entdecken. Als Begründung, warum diese Sprachform das Wichtigste in der Sprache sei, nennt er: „Denn dies ist das Einzige, das man nicht von einem anderen erlernen kann, und ein Zeichen von Begabung. Denn gute Metaphern zu bilden bedeutet, daß man Ähnlichkeiten zu erkennen vermag." (Aristoteles: Poetik 1459[b]) In dieser Spur hat sich die Aussage „metaphora brevior est similitudo" als Definition zunächst durchgesetzt. In der Debatte des 20. Jahrhunderts wurde ihr jedoch heftig widersprochen (vgl. Weinrich in: Haverkamp 1996, 328–333).

[6] Certeau bezieht dies auf Geschichten: „Auch die Geschichten könnten diesen

schönen Namen tragen: jeden Tag durchqueren und organisieren sie die Orte; sie wählen bestimmte Orte aus und verbinden sie miteinander; sie machen aus ihnen Sätze und Wegstrecken. Sie sind Durchquerungen des Raumes." (Certeau 1988, 215)

[7] Dies mag daran liegen, dass Ricœur seine Metapherntheorie hermeneutisch ansetzt – „Die Metapher und das Hauptproblem der Hermeneutik" lautet der Titel seines wichtigen Beitrags in Haverkamp 1996, 356–375. In der Hermeneutik geht es um das Verstehen von Texten. Der handlungsleitende Gehalt von Metaphern gerät dabei leicht aus dem Blick. Das Pragmatische ist deutlicher zu fassen in einer genealogischen Analyse (vgl. Foucault 1993), die nach der Wirkmacht von Zeichen fragt. – Zur Einbindung der Metapherntheorie in die Identitätsfrage und das Denken der Differenz bei Ricœur vgl. Hoff 2001, 184–208.

[8] George Lakoff und Mark Johnson analysieren in ihrem Buch „Leben in Metaphern. Konstruktion und Gebrauch von Sprachbildern" (1998) die Sprache insgesamt als metaphorischen Prozess und gehen dabei selbstverständlich nicht nur auf Substantive, sondern auch auf andere Sprachformen ein, z.B. „Es ist wichtig, wie du deine Ideen *verpackst*. Das wird er dir nicht *abkaufen*." (Lakoff/Johnson 1998, 61)

[9] Carolyn Merchant arbeitet heraus, wie sich im 17. Jahrhundert das Bild der Erde verändert und welche praktischen Konsequenzen dies hat: „In derselben Epoche, in der die viel gerühmte Kopernikanische Wende das Bild des Menschen von den Himmeln über ihm transformierte, veränderte eine subtilere, aber nicht weniger durchgreifende Wende seine Vorstellung von der Erde unter ihm – dem altehrwürdigen Mittelpunkt des organischen Kosmos." (Merchant 1987, 14) Wurde er zuvor als lebendiger Organismus begriffen, der verehrt wird, so bestimmt jetzt die Leitmetapher „Maschine, die es zu beherrschen gilt" das Handeln. – Zu „Metaphern der Biologie im 20. Jahrhundert" vgl. Keller 1998.

[10] „Was geschieht *mit* der Metapher? Nun ja, alles, es gibt nichts, was nicht mit der Metapher und durch die Metapher geschähe. Jede Aussage, gleichgültig über welches Thema – also auch jede Aussage über die Metapher selbst –, wird sich ohne Metapher nicht bilden lassen, wird *nicht ohne* Metapher auskommen." (Derrida 1998, 199)

[11] Dem Prozess der Neuschöpfung, die wegen des Versagens der Sprache notwendig ist, dient auch die Sprachfigur der *Hyperbel*. Das griechische Wort bedeutet „Darüberhinauswerfen", denn die Hyperbel macht „den absurden Versuch, das viel Größere am zweifellos Großen, aber ganz unvergleichlich Kleineren zu messen" (so Thomas Mann in: Die Stellung Freuds in der modernen Geistesgeschichte, zit. nach Best 2000, 241). Thomas Mann nennt sie daher eine „maßvergessene Art von Messung" (ebd.). Die Hyperbel übertreibt und schießt über das Ziel hinaus, um die Unbeschreiblichkeit von Erfahrun-

gen wiederzugeben. Dies ist beim Ausdruck von Gefühlen angebracht, die überwältigend sind und gerade damit zur Sprache kommen wollen. Wenn die Mystikerin Mechthild von Magdeburg schreibt: „Herr, meine Pein ist tiefer als der Abgrund, mein Herzeleid ist weiter als die Welt, meine Furcht ist größer als die Berge, meine Sehnsucht reicht höher als die Sterne" (Mechthild von Magdeburg 1995, VII–8), so greift sie mit ihrer Sprache über ihren eigenen Lebenskreis hinaus in die Sterne, um die Intensität ihrer schmerzlichen Gefühle auszudrücken. Allerdings ist die Entstehung dieser Hyperbel ebenfalls ein metaphorischer Prozess, insofern sie im Wort Welten miteinander verbindet, die ansonsten nichts miteinander zu tun haben.

[12] Eine Karikatur des „Affentanzes" findet sich in Anschütz 1929, 611.

[13] Zur „Rationalität der Metapher" vgl. Debatin 1995.

[14] Rolf Hochhuth hat sich später sogar zu der These verstiegen: „Metaphern verstecken nun einmal den höllischen Zynismus dieser Realität". (1984, Vorwort zum 5. Akt). Hier zeigt sich ein Verkennen der Macht von Sprache, die einem Schriftsteller wahrlich nicht gut zu Gesicht steht. Adorno hat seine Frage immerhin später relativiert.

[15] Vgl. hierzu Martin Buber, der in dem Artikel „Elemente des Zwischenmenschlichen" über das „echte Gespräch" schreibt: „Das Wort entsteht Mal um Mal substantiell zwischen den Menschen, die von der Dynamik eines elementaren Mitsammenseins in ihrer Tiefe ergriffen und erschlossen werden. Das Zwischenmenschliche erschließt das sonst Unerschlossene." (Buber 1992, 295)

Kapitel 2

[1] Thomas Söding folgt dieser Linie, indem er „Die Gleichnisse Jesu als metaphorische Erzählungen" begreift und hierzu „Hermeneutische und exegetische Überlegungen" anstellt – so der Titel seines Beitrags in: Janowski/Zchomelidse 2003.

[2] Sallie McFague war Professorin für Systematische Theologie an der Vanderbilt Divinity School in Nashville, Tennessee (USA). In ihrem Buch „Models of God. Theology for an Ecological, Nuclear Age" (1987) behandelt sie „Mother, Lover and Friend" als Metaphern für Gott im ökologischen Zeitalter. – Zur Metapher „Mutter Gott" vgl. den gleichnamigen Artikel McFagues in: Concilium 1989, Heft 6, 545–549.

[3] Dieses Buch positioniert sich nicht in der interdisziplinären Metapherndebatte, die meisten Artikel gehen gar nicht auf sie ein. Stattdessen wird vorwiegend innertheologische Literatur zitiert. Der interessante Artikel von Dorothea Sattler und Theodor Schneider beispielsweise thematisiert mit seinen „Gedanken zum lebensgeschichtlichen Wandel der Gottesvorstellungen" (in: Ritschl

1999, 207–220) Gottesbilder, die „erwachsen werden" (so der Untertitel). Leider geht der Beitrag nicht auf die naheliegende Frage ein, wie Metapher und Gottesbild zusammenhängen, d.h. welche Bedeutung Sprache für Gotteserfahrungen hat und wie sich dies in Bildern verkörpert.

[4] Jürgen Werbick benennt in seiner Metapherndefinition ausdrücklich die Überschreitung: „Metaphorische Rede ist – dem Wortsinn nach – übertragene Rede, (sich) überschreitende Sprache; Sprache, die sich überschreitet, indem sie die gewohnten semantischen Bedeutungszusammenhänge hinter sich läßt und in bildhaft-intuitiver Anspielung – ‚Annäherung' – neue Zusammenhänge geltend macht." (Werbick 1992a, 66) Werbick geht vom „semantischen Schock" der Gott-Metapher aus, folgt dann aber einer Logik des Annäherungspozesses, die auf Ähnlichkeit setzt. „Die Gott-Metapher stellt nicht die *adaequatio* fest; sie bringt vielmehr einen Prozeß der *adaequatio* – der Angleichung – in Gang, bei dem herauskommen soll, worin das Prädikat Gott entspricht und wie es verstanden werden muß, wenn es *diesen* Gott benennt." (71) Im Überschreitungsprozess, den die Metapher vollzieht, ist es genauso wichtig, was das neue Sprachzeichen vom Bildspender *nicht* übernimmt, z.B. die biologische Männlichkeit in Jesu Vater-Anrede. Metaphern arbeiten mit Differenzen und produzieren *neue* Zeichen.

[5] Es ist kein Zufall, dass sich Eberhard Jüngel den Metaphern in der Gottesrede auf die Spur macht, denn er interessiert sich für „Gott als Geheimnis der Welt" (2001) und folgt damit – auch wenn er es nicht ausdrücklich so benennt – den Gravuren der Mystik in der Systematischen Theologie.

[6] Arnold Schönbergs Oper „Moses und Aron" richtet den Blick und das Gehör genau auf diesen Punkt, dass Moses von Anfang an das Wort fehlt. Die Oper endet in einer Bruchstelle, die das Werk zu dem abrundet, was Marc M. Kerling ein „vollendetes Fragment" nennt und als Vorwegnahme einer Theologie nach Auschwitz interpretiert (vgl. Kerling 2004, bes. Kap. 3, 231–298).

[7] Die Bedeutung der Metapherntheorie für die Trinitätslehre verfolgen vor allem Jürgen Werbick (besonders 1992b) sowie Barcelona in „The metaphorical and metonymic understanding of the trinitarian dogma", in: Boeve/Feyaerts 1999, 187–214.

[8] Die Auseinandersetzung, die seit der Neuzeit zwischen Naturwissenschaften und Theologie geführt wird, hat die Theologie auf den metaphorischen Charakter ihrer Gottesrede verwiesen und erfordert es zu sagen, was sie meint und was sie nicht meint.

[9] Die katholische Frauenseelsorge Deutschlands hat von Ostern 2000 bis Ostern 2001 zu dieser Frage ein Projekt durchgeführt, in dessen Mittelpunkt ein Rollstein mit der Aufschrift „Wer wird den Stein wegrollen" steht. Aus einem Steinbruch bei Betlehem stammend, wurde er in der Dombauhütte Köln zum Rollstein geschlagen und war ein Jahr lang an 30 Stationen in Deutschland unterwegs, stand in Kirchen, in Klöstern und auf öffentlichen Plätzen. Er hat zur

Auseinandersetzung mit dem Stein am Leeren Grab und der Auferstehungsbotschaft im Heute eingeladen. Ostern 2001 fand er seinen bleibenden Stand-
ort im Kloster Helfta bei Eisleben. (Informationen unter: www.der-stein.de)

[10] Vgl. Jeremias 1971, 20–24; Macholz 1990; Sander 1999, 55–60. – Das *passivum divinum* steht im Zusammenhang mit dem Bilderverbot des Alten Testamentes sowie dem Verbot, den Namen Jahwes auszusprechen (vgl. Nordhofen
2001).

[11] Die Attribuierung der Gottesrede als „christlich" ist hier nicht negativ-ab-
grenzend, sondern positiv-beschreibend. Auch die jüdische Gottesrede ist von
der Erkenntnis der Leerstelle gezeichnet. Die Leerstelle in der Gottesrede zu
betonen, eröffnet einen Dialog mit anderen Religionen, die vielleicht nicht der
positiven Beschreibung Gottes zustimmen, die aber ebenfalls die Leerstelle in
der Gottesrede erfahren. Das Schweigen in Fragen Gott ist auch in dieser Hin-
sicht beredt. – Zur „heiligen Topographie" der Leerstelle im Judentum und bei
Paul Celan schreibt Stéphane Mosès. „Nur in der Lücke des Texts, im Stillstand
der Zeit kann das Wort Gottes vernommen werden." (Mosès 1987, 134–150,
hier 141)

[12] Der Exeget Klaus Wengst weist darauf hin, dass der offene Schluss des Markus-Evangeliums nach Galiläa und damit auf die Verkündigung des irdischen
Jesus zurück verweist (Wengst 1991, 42–48). Die Botschaft des Engels am Grab
ist eine Aufforderung, sich erneut in die Nachfolge einzuüben. Vom Schweigen
der Frauen ausgehend bedeutet dies: Um die lebensnotwendigen Worte der
Hoffnung zu finden, erinnern sich die Jüngerinnen und Jünger der Worte und
Taten Jesu. Sie sind zurückverwiesen auf das Evangelium.

[13] Klaus Wengst interpretiert: „Vor Mirjam verschwindet Jesus zwar nicht, aber
er entzieht sich ihr." (Wengst 2001, 286) Diese Formulierung verfehlt jedoch
den Wendepunkt, von dem hier die Rede ist. Jesus entzieht sich Mirjam nicht,
sondern vollzieht durch seine Erscheinung einen Machtwechsel vom Tod zum
Leben.

[14] Die beiden anderen Frauen am Grab, Salome und Maria, die Mutter des Jakobus, sehen das leere Grab und hören die Botschaft des Engels, aber sie haben
keine Erscheinung des Auferstandenen.

[15] Zu Recht bemerkt Klaus Wengst: „Das Besondere des Textes zeigt sich darin,
daß er zugleich eindeutig benennt und doch in der Schwebe hält." (Wengst
1991, 76) In den Auferstehungserzählungen geht es darum, das zu benennen,
was nicht benennbar ist. Daher muss die Sprache in der Schwebe bleiben in
dem Sinn, dass sie auf das Unsagbare hin öffnet und beweglich bleibt.

[16] Im Neuen Testament hat sich dieses Ringen um eine Sprache für das, was unsagbar ist, so niedergeschlagen, dass es heute noch an Umbrüchen im Sprachgebrauch zu erkennen ist. Diesen Sprachprozess hat Klaus Wengst in seinen
Untersuchungen vor Augen geführt: zunächst eine Jahwe-orientierte Theologie
(„Jesus wurde von den Toten auferweckt"), die sich dann zur Christologie ent-

wickelt („auferstanden von den Toten") und später in den Konzilien trinitarisch gefasst wird.

[17] In Exegese und Fundamentaltheologie wird das Metaphorische dieses Sprechens hervorgehoben; so schreibt Waldenfels mit Rückgriff auf Merklein und Pannenberg: „Dabei handelt es sich um eine metaphorische Rede: Wie der Mensch aus dem Schlafe geweckt werden kann so wird er auch aus dem ‚ewigen Schlaf‘, dem Tod, ‚geweckt‘. Wo metaphorisch gesprochen wird, stimmen aber die gemeinte Wirklichkeit und die Weise, wie von ihr gesprochen wird, nicht überein." (Waldenfels 2000, 272)

[18] Vgl. Wengst 1972. – Dass die Evangelien Jesus Hoheitstitel geben, die der irdische Jesus in Bezug auf seine eigene Person nicht verwendet hat, verweist auf den metaphorischen Prozess, den die Auferstehung erforderlich macht.

[19] Das 2. Vatikanische Konzil spricht in seiner Kirchenkonstitution von der „Gnade des Wortes" (LG 35) und stellt damit die Lebensmacht der Inspiration heraus.

[20] Vgl. Buntfuß 1997, 171–187. Buntfuß gibt einen Überblick über die Metapherntheorien und ihre Bedeutung für die Theologie und erarbeitet, inwiefern die Metapher eine Sprachform sowohl der Dogmen als auch der Dogmatik ist. Er weist damit eine Spur, wie die Dogmengeschichte neu zur Sprache kommen kann.

[21] Vgl. zu diesem Prozess die „Untersuchungen zur Übertragungsstrategie des Helianddichters" von Klaus Gantert (1998).

[22] Vgl. zur althochdeutschen Wortbildung: Sie „lehnt sich, formal gesehen, sehr stark an die vom Germanischen her gegebenen Präfix- und Suffixkategorien an, vollzieht jedoch Neubildungen, vor allem im Bereich der Abstrakta, auf weite Strecken als Lehnprägungen nach lateinischem Vorbild." (Sonderegger 1974, 270)

[23] Die Untersuchung von Klaus Gantert zur Übertragungsstrategie des Helianddichters beginnt mit einer Erläuterung zum Sachsenkrieg Karls des Großen, den dieser im Namen des Christentums führt (Gantert 1998, 13–20). „Auch andere Stimmen fanden sich, die sowohl an der Nützlichkeit als auch an der theologischen Legitimation der fränkischen Praxis der Zwangstaufen zweifelten und ebenfalls eine vorhergehende Unterweisung forderten." (17)

[24] Auf der Internetseite des Heliand-Bundes heißt es: „Vor über 1100 Jahren verfasste ein Dichter den ‚Heliand‘ in Altsächsisch. Er machte die Geschichten des Neuen Testaments für seine Welt erfahrbar und begreifbar. In ein germanisches Gewand gekleidet, erzählen sie von Personen, wie sie damals tatsächlich lebten. Christus und seine Jünger treten als König und seine Mannen auf, die Städte Palästinas gleichen Burgen. Mit der gleichen Intention – Christus der eigenen Zeit zugänglich zu machen, um das Leben in Christus zu gestalten – gründeten 1926 junge katholische Mädchen an höheren Schulen eine Gemeinschaft, der sie den Namen Heliand-Bund gaben." (www.heliandbund.de)

Die evangelische Theologin Hyun Kyung Chung stößt in ihrer südkoreanischen Kultur, die vom Schamanismus geprägt ist, ebenfalls auf die Heilungsmetapher und bringt den Heiland Jesus Christus als Schamane zum Ausdruck: „Da die einheimische Religion in Korea der Schamanismus ist, können die Frauen dort leicht den Jesus der synoptischen Evangelien akzeptieren, der, wie eine koreanische Schamanin, Kranke heilte und die Geister der Besessenen austrieb. So wie die Schamanin den Frauen eine Heilerin, Trösterin und Beraterin ist, so heilte und tröstete auch Jesus Christus durch sein Wirken viele Frauen." (Chung 1992, 130) Auch hier ist der Ausgangspunkt die Herausforderung der Evangelisierung in einer neuen, fremden Lebenswelt. Die Metapher vom Schamanen baut eine Brücke, die die Bedeutung des Evangeliums in der koreanischen Kultur erschließt. Allerdings müsste dabei auch aufgezeigt werden, worin diese Metapher das Schamanentum überschreitet.

[25] Dorothee Sölle hat ein Oxymoron als Leitwort ihres Mystikbuches gewählt: „Du stilles Geschrei" (Sölle 1997).

[26] Der Historiker Georges Duby betitelt das einführende Kapitel seines Buches über die Zeit der Kathedralen mit „Gott ist Licht" (vgl. Duby 1997, 170–233).

[27] Josef Pieper kommentiert mit dieser Metapher den Kommentar des Thomas zu Aristoteles „de anima", Kap. 1, lectio 1, Nr. 15 der Marietti-Ausgabe, wo es heißt: „Principia essentialia rerum sunt nobis ignota". Thomas geht es darum, dass in Gott „so viel Licht [ist], daß eine bestimmte endliche Erkenntniskraft es nicht auszutrinken vermöge" (Pieper 2001, 122). – Da Pieper keine Quelle für diese Lichtmetapher bei Thomas angibt und da sie auch mit Hilfe des Thomas-Index auf CD-ROM (Thomae de Aquinatis opera omnia cum hypertextibus, hg. von Roberto Busa) nicht zu finden ist, handelt es sich wahrscheinlich um eine Wortschöpfung von Pieper, mit der er die Beschreibung der Erkenntniskraft bei Thomas ausdeutet und weiterdenkt. Zudem führt Pieper verschiedene Textbeispiele zur *negativen* Theologie des Thomas an, die das Unsagbare Gottes benennen. Er weist darauf hin, dass die *Summa theologica* auch deshalb ein Fragment ist, weil Thomas vor der Erfahrung stand: „Ich kann nicht mehr; alles, was ich geschrieben habe, erscheint mir wie Spreu." (Pieper 2001, 138) – Pieper setzt mit der Metapher vom unaustrinkbaren Licht zugleich eine Spitze gegen die Neuscholastik, insofern diese die Grenzen der Rationalisierung übergeht und das Unsagbare als Dispositiv des Sagbaren nicht ernst nimmt.

Kapitel 3 und Ausblick

[1] Der Text ist mehrfach überliefert, die Parallelstelle findet sich in Micha 4,3. In Joel 4,10 wird der umgekehrte Prozess beschrieben: Hier werden Schwerter aus Pflugscharen und Lanzen aus Winzermessern geschmiedet.

^{2} Die Vision wird eingeleitet mit den Worten: „Am Ende der Tage wird es geschehen" (Jes 2,2a). Aber wenig später wird deutlich, dass es hier um eine Zukunft geht, die heute schon anbricht: „Ihr vom Haus Jakob, kommt, wir wollen unsere Wege gehen im Licht Jahwes." (Jes 2,5) Jesaja spricht vom Frieden, weil er den Krieg vor Augen hat. – Das Wort „Vision" hat sich aus dem Lateinischen „videre" entwickelt und besagt: Schau hin. Visionen laden nicht dazu ein, wegzuschauen und die Hände resigniert in den Schoß zu legen, sondern sie provozieren zum Hinschauen und Handeln. Sie sind notwendig, wo Brüche im Leben Menschen zu zerreißen drohen, denn ihre zukunftsweisende Kraft ermöglicht den Aufbruch.

^{3} Von der Auferstehung her begreift Paulus den Frieden christologisch: „Und der Friede Gottes, der alles Verstehen übersteigt, wird eure Herzen und eure Gedanken in der Gemeinschaft mit Christus Jesus bewahren." (Phil 4,7)

^{4} Vgl. auch Bronk 1999, 98f. Das Umschmieden war in ein Ritual auf dem Lutherhof in Wittenberg eingebunden, das etwa eineinhalb Stunden dauerte. Ein paar tausend Menschen waren begeistert bei der Sache. Die „Schmiedeliturgie" zeigt die Lebenskraft von Ritualen, die in der konkreten Bedrängnis von Menschen ansetzen und hier realistische Zeichen der Hoffnung vor Augen führen.

^{5} Die Sprache der Herrschenden verschleiert den Akt der Gewalt: Statt von Verschleppung wurde verharmlosend von „Zuführungen" gesprochen.

^{6} Giselher Quast: Predigt zum 9. Oktober 1990. In: Beratergruppe Dom 1991, 326. – Es ist wichtig daran zu erinnern, „daß es damals gelungen ist, was niemand für möglich gehalten hätte: eine schwerbewaffnete Macht und eine nahezu perfekte Überwachung zu paralysieren. Mit Kerzen und Gebeten." (Günter Braun; Johanna Braun: Der kurze Herbst der Hoffnung. In: Beratergruppe Dom 1991, 345)

^{7} Die grünen Bänder sind ein Symbol, das im Magdeburger Dom seinen Anfang genommen hat und sich schnell in Kirchen anderer Städte ausbreitete. Am 23. Oktober, dem Abend der ersten Montagsdemonstration: „Als die Ansage für den Beginn der Demonstration kommen soll, werden die Verantwortlichen unterbrochen. Einige Handwerker, die schon vor Beginn des Gebetes eine Unmenge von grünen Bändern an die Menschen im Dom verteilt hatten, kommen mit einem großen Blumenstrauß und einer Flasche Wein in den Altarraum des Domes, überreichen beides an die Domprediger, die allen soviel Hoffnung gegeben hätten. Sie sagten einige Worte zur Deutung der grünen Bänder: ‚Diese Bänder sind 40 cm lang. Nach 40 Jahren ewigem Rot jetzt das zarte Grün der Hoffnung. Wir haben im Dom diese Hoffnung gelernt. Das grüne Band der Hoffnung soll uns begleiten.'" (Waltraut Zachhuber; Giselher Quast: Anstiftung zur Gewaltlosigkeit. In: Beratergruppe Dom 1991, 27)

^{8} Vgl. die Offenbarungskonstitution des 2. Vatikanischen Konzils, DV 4.

^{9} Vgl. Rahner 1941 sowie Klinger 1994. – Der verschwiegene Trappist und Autor von Bestsellern Thomas Merton (1915–1968) stellt die Frage: „Wer wagte es, namenlos zu sein in einer so gesicherten Welt? Und doch, um die Wahrheit zu sagen, nur die Namenlosen sind zu Hause darin." (Merton 1966, 48)

[10] Das Spezialgebiet Nelle Mortons (1905–1986) ist der Zusammenhang von metaphorischer Gottesrede, Religion und Feminismus. Ihr Buch „The Journey is home" von 1985 ist im deutschsprachigen Raum viel zu wenig bekannt, wahrscheinlich, weil noch keine Übersetzung ins Deutsche vorliegt. Das Buch ist ein Kleinod, das es noch zu entdecken gilt.

[11] Ausgehend vom Hearing to Speech entwickelt Nelle Morton die Metapher von Gott als dem „Ohr des Universums" („A great ear at the heart of the universe", 128). Dies ist jedoch keine personale Metapher. – Zu „Von der Gottesfreundschaft zur Freundinnenschaft" vgl. Moltmann-Wendel 2000, vor allem 25–40.

[12] Auf diese pragmatische Bedeutung macht Sallie McFague aufmerksam, indem sie die Freiwilligkeit der Freundschaft herausstellt. „One does not choose one's mother, and even falling in love seems to have a kind of destiny about it, but friends choose to be together. There are other qualities important in friendship, […] but at the center of its power and mystery is that, of all our relationships, it is the most free." (McFague 1987, 159)

[13] Selten nur wird direkt von Gott gesprochen – und selten kommt dies so leichtfüßig und lebendig daher wie in Reiner Kunzes Gedicht „Zuflucht noch hinter der Zuflucht". – Zum Thema „Lesepastoral" gibt die Zeitschrift „Lebendige Seelsorge" 2/2004 mit ihrem „Loblied auf das Lesen" (Erich Garhammer) einen guten Einblick in den derzeitigen Diskussionsstand und gibt weitere Leseanregungen zum Themengebiet von Religion und Literatur.

[14] Über Nelly Sachs' Gedichte schreibt Bachmann: „Aber hier ist Prophetisches und Psalmodierendes nicht zu verwechseln mit Kunst–Prophetie, es ist keine Geste, sondern eine Bewegung aus Leiderfahrung." (Bachmann 1993 IV, 208)

[15] Zur Anonymität Gottes vgl. Klinger 1994, besonders 25–33.

[16] Interessant ist an diesem Zitat auch die Doppeldeutigkeit, die sich daraus ergibt, dass das „von Gott" sowohl zu „die Leerstellen von Gott" als auch zu „von Gott gegeben" gehören kann. In der Tat ist beides der Fall, denn in der Tora gibt es Leerstellen, die von Gott gegeben sind, und in ihnen spricht Gott selbst. Oder wie es Stéphane Mosès in seiner Interpretation von Paul Celans Gedicht „Die Posaunenstelle" ausdrückt: „Nur in der Lücke des Textes, im Stillstand der Zeit kann das Wort Gottes vernommen werden." (Mosès 1987, 141)

[17] Das 2. Vatikanische Konzil, das in seiner Offenbarungskonstitution „Dei Verbum" die Lebensmacht des Gotteswortes in Vergangenheit und Gegenwart betont, sagt im Blick auf die Kirche: „So ist Gott, der einst gesprochen hat, ohne Unterlaß im Gespräch mit der Braut seines geliebten Sohnes, und der Heilige Geist, durch den die lebendige Stimme des Evangeliums in der Kirche und durch sie in der Welt widerhallt, führt die Gläubigen in alle Wahrheit ein und läßt das Wort Christi in Überfülle unter ihnen wohnen." (DV 8)

[18] Den Begriff der „postsäkularen Gesellschaft" hat Jürgen Habermas in seiner Rede zur Verleihung des Friedenspreises im Herbst 2001 – kurz nach dem Anschlag auf die Twin Towers am 11. September – in die Debatte eingeführt und definiert sie als „Gesellschaft, die sich auf das Fortbestehen religiöser Gemeinschaften in einer sich fortwährend säkularisierenden Umgebung einstellt." (Habermas 2001, 13) Er vertritt damit einen schwachen Religionsbegriff, der an die Religionsgemeinschaft gebunden ist. Im Gegenzug baut er auf „die zivilisierende Rolle eines demokratisch aufgeklärten Commonsense, der sich im kulturkämpferischen Stimmenwirrwarr gleichsam als dritte Partei einen eigenen Weg bahnt" (ebd.). Habermas stellt jedoch auch fest: „Die Grenze zwischen säkularen und religiösen Gründen ist ohnehin fließend. Deshalb sollte die Festlegung der umstrittenen Grenze als eine kooperative Aufgabe verstanden werden, die von beiden Seiten fordert, auch die Perspektive der jeweils anderen einzunehmen." (22) Ich schlage vor, den Begriff der postsäkularen Kultur zur Bezeichnung des Umbruchs zu verwenden, der sich derzeit im gesellschaftlichen Diskurs der Religionsfrage abzeichnet.

Literatur

Anschütz, Richard 1929: August Kekulé. Abhandlungen, Berichte, Kritiken, Artikel, Reden. Berlin: Verlag Chemie

Aristoteles 1982: Poetik. Griechisch-deutsch. Dt. nach Manfred Fuhrmann. Stuttgart: Reclam

Bachmann, Ingeborg 1993: Werke in vier Bänden. Hg. von Christine Koschel; Inge von Weidenbaum; Clemens Münster. 5. Aufl. München: Piper

Barrett, Charles Kingsley 1990: Das Evangelium nach Johannes. (Kritisch-exegetischer Kommentar über das Neue Testament, Sonderband) Göttingen: Vandenhoeck & Ruprecht

Bauer, Walter 1988: Griechisch-deutsches Wörterbuch zu den Schriften des Neuen Testaments und der frühchristlichen Literatur. 6. völlig neu bearb. Aufl. Berlin: de Gruyter

Beckmann, Susanne 2001: Die Grammatik der Metapher. Eine gebrauchstheoretische Untersuchung des metaphorischen Sprechens. Tübingen: Niemeyer (Linguistische Arbeiten 438)

Beratergruppe Dom 1991: „Anstiftung zur Gewaltlosigkeit. Herbst '89 in Magdeburg". Magdeburg: imPuls-Verlag

Bernhardt, Reinhold; Link-Wieczorek, Ulrike (Hg.) 1999: Metapher und Wirklichkeit. Die Logik der Bildhaftigkeit im Reden von Gott, Mensch und Natur. (FS für Dietrich Ritschl) Göttingen: Vandenhoeck & Ruprecht

Best, Otto F. 2000: Handbuch Literarischer Fachbegriffe. Definitionen und Beispiele. Frankfurt a.M.: Fischer (1. Aufl. 1972)

Bjoerndalen, Anders J. 1986: Untersuchungen zur allegorischen Rede der Propheten Amos und Jesaja. Berlin: de Gruyter

Blumenberg, Hans 1960: Paradigmen zu einer Metaphorologie. Bonn: Bouvier (Archiv zur Begriffsgeschichte 6)

Boeve, Lieven; Feyaerts, Kurt (Hg.) 1999: Metaphor and god talk. Bern: Peter Lang

Bogner, Daniel 2002: Gebrochene Gegenwart. Mystik und Politik bei

Michel de Certeau. Mainz: Grünewald

Böschenstein, Bernhard; Weigel, Sigrid (Hg.) 1997: Ingeborg Bachmann und Paul Celan. Poetische Korrespondenzen. Frankfurt a.M.: Suhrkamp

Bronk, Kay-Ulrich 1999: Der Flug der Taube und der Fall der Mauer. Die Wittenberger Gebete um Erneuerung im Herbst 1989. Leipzig: Evangelische Verlagsanstalt

Buber, Martin 1992: Das dialogische Prinzip. 6. Aufl. Gerlingen: Schneider

Buntfuß, Markus 1997: Tradition und Innovation. Die Funktion der Metapher in der theologischen Theoriesprache. Berlin: de Gruyter

Caillois, Roger 1988: Der Mensch und das Heilige. München: Hanser

Celan, Paul 1969: Der Meridian. Rede anläßlich der Verleihung des Georg-Büchner-Preises. In: Ders.: Ausgewählte Gedichte. Frankfurt a.M.: Suhrkamp

Celan, Paul 1975: Gedichte in zwei Bänden. Frankfurt a.M.: Suhrkamp

Celan, Paul 1986: Gesammelte Werke. Band III: Gedichte, Prosa, Reden. Frankfurt a.M.: Suhrkamp

Celan, Paul 1999: Der Meridian. Endfassung – Entwürfe – Materialien. Hg. von Bernhard Böschenstein und Heino Schmull. In: Werke – Tübinger Ausgabe. Hg. von Jürgen Wertheimer. Frankfurt a.M.: Suhrkamp

Celan, Paul; Sachs, Nelly 1996: Briefwechsel. Frankfurt a.M.: Suhrkamp

Certeau, Michel de 1988: Kunst des Handelns. Aus dem Französischen übersetzt von Ronald Voulliè. Berlin: Merve. (Titel der Originalausgabe von 1980: L'invention du quotidien. Arts de faire)

Chung, Hyun Kyung 1990: Struggle to be the Sun again. Deutsch 1992: Schamanin im Bauch – Christin im Kopf. Frauen Asiens im Aufbruch. Stuttgart: Kreuz

Debatin, 1995: Die Rationalität der Metapher. Eine sprachphilosophische und kommunikationstheoretische Untersuchung. Berlin: Gruyter

Denzinger/Hünermann 1991: Denzinger, Heinrich: Kompendium der

Glaubensbekenntnisse und kirchlichen Lehrentscheidungen. Verbessert, erweitert, ins Deutsche übertragen und unter Mitarbeit von Helmut Hoping hrsg. von Peter Hünermann. 37. Aufl. Freiburg i.Br.: Herder

Derrida, Jacques 1998: Der Entzug der Metapher. In: Haverkamp, Anselm 1998: Die paradoxe Metapher. Frankfurt a.M.: Suhrkamp (Neue Folge 980), 197-234

Duby, Georges 1997: Die Zeit der Kathedralen. Kunst und Gesellschaft 980–1420. Übersetzt von Grete Osterwald. 4. Aufl. Frankfurt: Suhrkamp

Eckholt, Margit 2002: Poetik der Kultur. Bausteine einer interkulturellen dogmatischen Methodenlehre. Freiburg: Herder

Eich, Günter 1991: Gesammelte Werke in vier Bänden. Revidierte Ausgabe. Hg. von Axel Vieregg. Frankfurt: Suhrkamp

Eggert, Hartmut; Golec, Janusz (Hg.) 1999: ‚Wortlos der Sprache mächtig‘. Schweigen und Sprechen in der Literatur und sprachlicher Kommunikation. Stuttgart/Weimar: Metzler

Feydt, Sebastian; Heinze, Christiane; Schanz, Martin 1994: Die Leipziger Friedensgebete. In: Grabner, Wolf-Jürgen (Hg.): Leipzig im Oktober. 2. Aufl. Berlin, 123ff

Foucault, Michel 1993: Nietzsche, die Genealogie, die Historie. In: Ders.: Von der Subversion des Wissens. Frankfurt: Fischer, 69–90

Foucault, Michel 2001: Dits et Ecrits. Schriften. Bd. 1: 1954–1969. Hg. von Daniel Defert und Francois Ewald unter Mitarbeit von Jacques Lagrange. Aus dem Französischen von Michael Bichoff, Hans-Dieter Gondek und Hermann Kocyba. Frankfurt a.M.: Suhrkamp

Frege, Gottlob 1980: Funktion, Begriff, Bedeutung. 5. Aufl. Göttingen: Vandenhoeck & Ruprecht

Gantert, Klaus 1998: Akkomodation und eingeschriebener Kommentar. Untersuchungen zur Übertragungsstrategie des Helianddichters. Tübingen

Gertrud von Helfta 1989: Gesandter der Göttlichen Liebe. Übersetzt von Johanna Lanczkowski. Heidelberg: Lambert Schneider

Habermas, Jürgen 2001: Glauben und Wissen. Friedenspreis des Deutschen Buchhandels 2001. Laudatio: Jan Philipp Reemtsma. Frankfurt am Main: Suhrkamp (Edition Suhrkamp, Sonderdruck)

Halbfas, Hubertus 1992: Religionsunterricht in der Sekundarstufe. Lehrerhandbuch 5. Düsseldorf: Patmos 97–136

Haverkamp, Anselm (Hg.) 1996: Theorie der Metapher. 2. Aufl. Darmstadt: Wissenschaftliche Buchgesellschaft (Wege der Forschung Bd. 389)

Haverkamp, Anselm (Hg.) 1998: Die paradoxe Metapher. Frankfurt a.M.: Suhrkamp (Neue Folge 980)

Hochhuth, Rolf 1984: Der Stellvertreter. Reinbek bei Hamburg: Rowohlt

Hoff, Gregor Maria 2001: Die prekäre Identität des Christlichen. Die Herausforderung postModernen Differenzdenkens für eine theologische Hermeneutik. Paderborn: Schöningh

Irigaray, Luce 1979: Das Geschlecht, das nicht eins ist. Berlin: Merve

Janowski, Bernd; Zchomelidse, Nino (Hg.) 2003: Die Sichtbarkeit des Unsichtbaren. Zur Korrelation und Kontradiktion von Text und Bild im Wirkungskreis der Bibel. München: Deutsche Bibelgesellschaft (Arbeiten zur Geschichte und Wirkung der Bibel 3)

Jeremias, Joachim 1971: Neutestamentliche Theologie. Die Verkündigung Jesu. Gütersloh: Gütersloher Verlagshaus

Jugend 2000 – 13. Shell Jugendstudie. Hg. von Arthur Fischer; Yvonne Fritzsche; Werner Fuchs-Heinritz; Richard Münchmeier. Opladen: Leske + Budrich. 2 Bde.

Jüngel, Eberhard 2001: Gott als Geheimnis der Welt. 7. Aufl. Tübingen: Mohr Siebeck (1. Aufl. 1977)

Keller, Evelyn Fox 1998: Das Leben neu denken. Metaphern der Biologie im 20. Jahrhundert. München: Kunstmann

Kerling, Marc M. 2004: „O Wort, du Wort, das mir fehlt." Die Gottesfrage in Arnold Schönbergs Oper „Moses und Aron" – Zur Theologie eines musikalischen Kunst-Werkes im 20. Jahrhundert. Mainz: Grünewald

Keul, Hildegund 2004: Verschwiegene Gottesrede. Die Mystik der Begine Mechthild von Magdeburg. Innsbruck: Tyrolia

Klinger, Elmar 1994: Das absolute Geheimnis im Alltag entdecken. Zur spirituellen Theologie Karl Rahners. Würzburg: Echter

Köbele, Susanne 1993: Bilder der unbegriffenen Wahrheit. Zur Struktur mystischer Rede im Spannungsfeld von Latein und Volkssprache. (Bibliotheca Germanica 30) Tübingen: Francke

Kurz, Gerhard 1997: Metapher, Allegorie, Symbol. 4. Aufl. Göttingen: Vandenhoeck & Ruprecht (Kleine Vandenhoeck Reihe 1486)

Lakoff, George; Johnson, Mark 1998: Leben in Metaphern. Konstruktion und Gebrauch von Sprachbildern. Heidelberg: Carl-Auer-Systeme

Luksch, Thomas 1998, Predigt als metaphorische Gott-Rede. Zum Ertrag der Metaphernforschung für die Homiletik. Würzburg: Echter

Macholz, Christian 1990: Das ‚Passivum divinum‘, seine Anfänge im Alten Testament und der ‚Hofstil‘. In: Zeitschrift für Neutestamentliche Wissenschaft 81 (1990), 247–253

McFague, Sallie 1982: Metaphorical Theology. Models of God in Religious Language. Philadelphia: Fortress Press

McFague, Sallie 1987: Models of God. Theology for an Ecological, Nuclear Age. Philadelphia: Fortress Press

McFague, Sallie 1989: Mutter Gott. In: Concilium (Mutterschaft: Erfahrung, Institution, Theologie) 25. Jg. Heft 6, 545–549

Mechthild von Magdeburg 1995: Das fließende Licht der Gottheit. Neubearbeitete Übersetzung von Schmidt, Margot. Stuttgart/Bad Cannstatt: frommann-holzboog (Mystik in Geschichte und Gegenwart I/11)

Merchant, Carolyn 1987: Der Tod der Natur. Ökologie, Frauen und neuzeitliche Naturwissenschaft. München: Beck

Merton, Thomas 1966: Grazias. Haus. Gedichte. Hg. von Hans Urs von Balthasar. Einsiedeln: Johannes

Mohl, Alexa 1998: Metaphern-Lernbuch. Geschichten und Anleitungen aus der Zauberwerkstatt. Paderborn: Junfermann

Moltmann-Wendel, Elisabeth 2000: Wach auf, meine Freundin. Die

Wiederkehr der Gottesfreundschaft. Stuttgart: Kreuz

Morton, Nelle 1985: The Journey is Home. Boston, Massachusetts: Beacon Press

Mosès, Stéphane 1987: Spuren der Schrift. Von Goethe bis Celan. Frankfurt a.M.: Jüdischer Verlag

Nordhofen, Eckhard (Hg.) 2001: Bilderverbot. Die Sichtbarkeit des Unsichtbaren. Paderborn: Schöningh (Ikon Bild und Theologie 4)

Origenes 1991: Geist und Feuer. Ein Aufbau seiner Schriften. Hg. von Hans Urs von Balthasar. Freiburg

Pieper, Josef 2001: Werke in acht Bänden. Hg. von Berthold Wald. Bd. 2: Darstellungen und Interpretationen. Thomas von Aquin und die Scholastik. Hamburg: Meiner

Rahner, Karl 1941: Hörer des Wortes. Zur Grundlegung einer Religionsphilosophie. München: Kösel/Pustet

Rahner, Karl 1966: Frömmigkeit früher und heute. In: Ders.: Schriften zur Theologie. Bd. 7. Einsiedeln: Benziger, 11–31

Rahner, Karl 1992: Von der Not und dem Segen des Gebetes. Unveränderte Neuauflage. Freiburg i.Br.: Herder [Erstveröffentlichung 1949]

Ricœur, Paul; Jüngel, Eberhard 1974: Metapher. Zur Hermeneutik religiöser Sprache. Mit einer Einführung von Pierre Gisel. München: Kaiser (Evangelische Theologie, Sonderheft)

Ricœur, Paul 1984: Poetik und Symbolik. In: Hans Peter Duerr (Hg.): Die Mitte der Welt. Aufsätze zu Mircea Eliade. Frankfurt a.M.: Suhrkamp

Ricœur, Paul 1991: Die lebendige Metapher. Aus dem Französischen von Rainer Rochlitz. 2. Aufl. München: Fink (Übergänge – Texte und Studien zu Handlung, Sprache und Lebenswelt 12)

Robinson, James McConkey 1989: Messiasgeheimnis und Geschichtsverständnis. Zur Gattungsgeschichte des Markus-Evangeliums. München: Kaiser

Sachs, Nelly 1977: Gedichte. Frankfurt a.M.: Suhrkamp

Sander, Hans-Joachim 1999: Symptom ‚Gotteskrise'. Die Zeitsignatur der Theologie. In: Zeitschrift für Katholische Theologie. 121. Band. Heft 1, 45–61

Schorlemmer, Friedrich 1992: Worte öffnen Fäuste. Die Rückkehr in ein schwieriges Vaterland. München: Kindler

Söding, Thomas 2003: Die Gleichnisse Jesu als metaphorische Erzählungen. Hermeneutische und exegetische Überlegungen. In: Janowski/Zwomelidse 2003

Sölle Dorothee 1997: Mystik und Widerstand. „Du stilles Geschrei." 3. Aufl. Hamburg: Hoffmann und Campe

Sonderegger, Stefan 1974: Althochdeutsche Sprache und Literatur. Eine Einführung in das älteste Deutsch – Darstellung und Grammatik. Berlin; New York: Walter de Gruyter

Strotmann, Angelika 1991: ‚Mein Vater bist Du!' – Zur Bedeutung der Vaterschaft Gottes in den kanonischen und nichtkanonischen frühjüdischen Schriften. Frankfurt a.M.: Knecht

Van Noppen, Jean-Pierre 1988 (Hg.): Erinnern, um Neues zu sagen. Die Bedeutung der Metapher für die religiöse Sprache. Frankfurt: Athenäum

Waldenfels, Hans 2000: Kontextuelle Fundamentaltheologie. Stuttgart: UTB

Wehrli, Max 1997: Geschichte der deutschen Literatur im Mittelalter. 3. Aufl. Stuttgart: Reclam

Wengst, Klaus 1972: Christologische Formeln und Lieder des Urchristentums. Gütersloh: Gütersloher Verlagshaus Mohn (Studien zum Neuen Testament 7)

Wengst, Klaus 1991: Ostern – Ein wirkliches Gleichnis, eine wahre Geschichte. Zum neutestamentlichen Zeugnis von der Auferweckung Jesu. München: Kaiser

Wengst, Klaus 2001: Das Johannesevangelium. Stuttgart; Berlin; Köln: Kohlhammer. Bd. 2: Kap 11–21. (Theologischer Kommentar zum Neuen Testament 4,2)

Werbick, Jürgen 1992a: Bilder sind Wege. Eine Gotteslehre. München: Kösel

Werbick, Jürgen 1992b: Trinitätslehre. In: Theodor Schneider (Hg.): Handbuch der Dogmatik. Bd. 2. Düsseldorf: Patmos, 481–576

Wiesel, Elie 1995: Alle Flüsse fließen ins Meer. Autobiographie. 2. Aufl. Hamburg: Hoffmann und Campe

Wolf, Christa 1985: Kindheitsmuster. 13. Aufl. Darmstadt: Luchterhand

Wrede, William 1997: Das Messiasgeheimnis in den Evangelien. Zugleich ein Beitrag zum Verständnis des Markusevangeliums. 5. Aufl. Göttingen: Vandenhoeck & Ruprecht

Zenger, Erich (Hg.) 1991: Der eine Gott und die Göttin. Freiburg i.Br.: Herder (QD 135)

Daniel Bogner
**Gebrochene
Gegenwart**
Mystik und Politik bei
Michel de Certeau
360 Seiten.
Kartoniert.
ISBN 3-7867-2373-7

Die Krise des Repräsentationsdenkens, d.h. des bis dato unhinter-
fragt vorausgesetzten Entsprechungsverhältnisses von Zeichen
und Bezeichnetem (wie z.B. von Sprache und Wirklichkeit), bildet das Kennzeichen der Moderne bzw. Postmoderne. Der damit
einhergehende Gewissheits- und Orientierungsverlust betrifft vor
allem die Legitimationsgrundlagen von Theologie und Politik.
Daniel Bogner nimmt diese Krise als konstitutiven Bezugsrahmen
für die Theologie ernst. Anhand des Werkes des französischen
Historikers und Theologen Michel de Certeau erarbeitet er ein
Modell von Mystik, das die Aporien von Religion und Moderne
aufsprengt und so neue Denk- und Handlungsräume eröffnet.
Zugleich erschließt der Autor damit für den deutschsprachigen
Raum zum ersten Mal systematisch das sich in den Bereichen
Geisteswissenschaft, Theologie und Kulturanthropologie bewe-
gende interdisziplinäre Werk Michel de Certeaus.

Matthias-Grünewald-Verlag
www.gruenewaldverlag.de